PARTI SOCIALISTE
(Section Française de l'Internationale Ouvrière)

XXIIIe Congrès National

PARTI SOCIALISTE
(Section Française de l'Internationale Ouvrière)

XXIII⁰ Congrès National

23, 24, 25 et 26 Mai 1926
CLERMONT-FERRAND

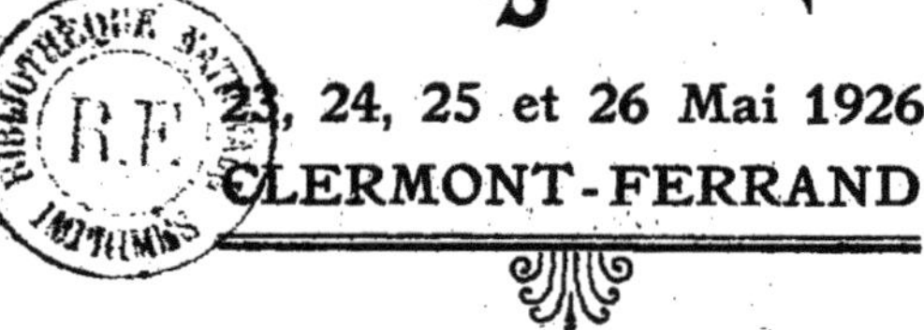

RAPPORTS

de la

Commission Administrative Permanente

PARIS
LIBRAIRIE POPULAIRE
12, Rue Feydeau, 12

—

1926

LA SITUATION DU PARTI
en 1926

par Paul Faure, *secrétaire général*

Chaque année, lorsque revient le Congrès national, le secrétariat a la mission d'exposer sommairement la situation numérique et morale du Parti.

Depuis cinq ans, depuis la scission de Tours, ce furent des communiqués de victoire répétés qui attestaient nos progrès constants et rapides.

Après les triples élections, législatives, municipales et cantonales, de ces deux dernières années qui se chiffrèrent pour nous par trois succès remarquables, nous avions enregistré un afflux continu et important d'adhérents nouveaux.

On pouvait supposer qu'aussitôt passées ces périodes de surexcitation politique et d'agitation électorale, généralement en France très favorables à notre recrutement il se produirait le fléchissement habituel qu'en des circonstances analogues on a constaté d'autres fois.

Il semble bien qu'il n'en sera rien et que, dans l'ordre du recrutement, nous conserverons nos forces si même nous ne marquons pas une avance nouvelle.

Déjà, en effet, quinze mille cartes ont été délivrées à de nouveaux adhérents au 31 mars. Plus que toute autre considération, cela montre que le socialisme conserve et accroît son influence sur les masses, et qu'il demeure, contre vents et marées, une puissance d'attraction indestructible.

Et pourtant quels défilés étroits, hérissés de mille obstacles et d'immenses difficultés, n'avons-nous pas dû traverser !

Entourés de pièges et d'embûches, harcelés des attaques d'ennemis tantôt brutaux et violents, tantôt hypocrites et doucereux, nous avons dû faire face à tout et à tous, et nous battre avec les armes les plus défectueuses contre des adversaires redoutables, riches et bien armés.

Imagine-t-on que nous n'avions, que nous n'avons, hélas !

pas encore, ni presse, ni argent, en une époque où cela est plus nécessaire que jamais.

Il faudrait un volume pour relater par quels prodiges d'expédients, de sacrifice:. d'intelligentes initiatives, nos militants, ramassant les pierres du chemin et se taillant des bâtons dans les haies, ont pu défendre les positions anciennes du socialisme et en conquérir d'autres.

Les faits et les résultats sont là qui parlent haut et clair.

Après les heures électorales dont on voudra bien le reconnaître, nous sortîmes avec quelque éclat, le Parti se trouva au Parlement en présence de complications et de problèmes qu'il n'avait jamais eu à examiner dans le passé.

Une majorité de gauche n'était pas possible sans lui. Il n'hésita pas, tout en repoussant, à chacune de ses assemblées régulières ou extraordinaires, la participation ministérielle qui l'eût affaibli et divisé à apporter son concours loyal et désintéressé aux gouvernants qui voulurent réaliser ou tenter de réaliser un programme de paix et de démocratie.

Un récent manifeste du Parti, paru en mars dernier, a établi à cet égard en termes définitifs les responsabilités de chacun.

Le Parti socialiste y apparaît sous sa véritable figure. Son courage, sa franchise, l'esprit de conciliation dont il fit preuve dans tous les moments critiques y sont sobrement rappelés; et la démonstration précise et nette y est faite que si la politique actuelle n'a pas eu tous les effets qu'on en attendait, il faut aller chercher les coupables hors des rangs socialistes.

Le bon sens populaire ne s'y trompe pas et c'est pourquoi, malgré les diatribes agressives des communistes, les campagnes insolentes de la réaction, et les perfidies de certains journaux de la bourgeoisie de gauche, le courant de sympathie et d'adhésion vers nos sections ne s'est ni interrompu, ni ralenti.

*
* *

Nous voici maintenant au seuil d'étapes nouvelles. Abordons-les avec entrain et confiance.

L'ordre du jour du Congrès va nous permettre de nécessaires mises au point et nous fixera les tâches de demain.

Unité d'action et discipline d'abord. — Il n'est pas question d'instaurer dans nos rangs des mœurs de couvent et de caserne à la manière communiste, mais de se rappeler qu'un grand parti, comme l'est le nôtre, ne pourra remplir sa mission que s'il sait imposer à chacun de ses membres unité d'action et respect des décisions prises.

On vient de tenter un effort pour la réorganisation administrative de la C. A. P.; il faudra le faire aussi pour le groupe parlementaire afin d'obtenir de lui plus de méthode encore dans le travail, plus de cohésion dans l'action et cette unité de vote que réclament avec tant de raison tous les camarades.

Il faudra aussi que chaque militant ait à cœur d'observer toujours une attitude politique correcte et conforme à ce que le Parti a voulu dans ses Congrès.

Ici, des camarades reprochent à d'autres des expériences de front unique avec les communistes.

Là, ce sont des griefs adressés à des militants qui, électoralement ou au cours de manifestations, mêlent programmes et discours à ceux de partis bourgeois, hors des cas exceptionnels prévus par nos congrès.

Le Parti devra, avec énergie, dire ou répéter aux uns et aux autres qu'ils ont eu tort, et les inviter à suivre la ligne droite et à cesser de battre les buissons et de compromettre notre politique dans des tactiques brouillonnes et désordonnées.

Quand ces questions auront été rapidement précisées une fois encore, et que nos débats ne seront plus encombrés par la participation ministérielle, que les événements parlementaires ont, de l'avis général, rejetée à l'arrière-plan, nous examinerons comment nous pourrons doter le Parti d'une presse mieux armée, *d'un quotidien central,* quelles devront être nos *thèses et directives dans les problèmes coloniaux,* comment nous *recruterons et éduquerons nos jeunesses...*

On le voit, le travail ne manque pas. Souhaitons que chacun apporte à sa mise en œuvre son savoir et sa bonne volonté sans autre souci que de servir un parti et une doctrine qui ont dès maintenant fait leur preuve et dans le triomphe desquels les travailleurs français doivent mettre toutes leurs espérances.

RAPPORT ADMINISTRATIF

présenté par J.-B. Sévérac,
Secrétaire adjoint.

du Congrès de Grenoble au Congrès de Clermont-Ferrand

(8 Février 1925 — Mai 1926)

XXIIe CONGRÈS NATIONAL

(Grenoble, 8-12 Février 1925)

Ordre du jour et Règlement

Le XXIIe Congrès national du Parti socialiste S.F.I.O.,
tenu à Grenoble du 8 au 12 février 1925, avait à son ordre
du jour les questions suivantes .

1° Rapports de la C. A. P.;
2° Rapport des délégués du Parti à l'Internationale;
3° Rapport du Groupe socialiste au Parlement;
4° Rapport sur le *Populaire*;
5° Les élections municipales (programme et tactique);
6° La réforme électorale;
7° La situation économique internationale;
8° Renouvellement des organismes centraux.

Les rapports de la C. A. P., des délégués à l'Internationale, du Groupe socialiste au Parlement et le rapport sur
le *Populaire* avaient été publiés en brochure (Librairie Populaire) et adressés aux sections un mois avant l'ouverture du Congrès.

Un projet de programme municipal, présenté par Henri
Sellier et adopté par une Commission municipale spécialement chargée de cette besogne, avait été publié dans le
Populaire du 15 janvier.

Le rapport, confié par la C. A. P. à Gaston Lévy, sur
la « Situation Économique Internationale », avait paru
dans le *Populaire* du 30 décembre.

Tous les militants avaient ainsi en mains les moyens de travailler utilement à la préparation du Congrès.

Enfin, dans sa séance du 4 février, la C. A. P. avait élaboré un projet de règlement intérieur des discussions du Congrès. Ce projet, que le Congrès devait faire sien dès sa première séance, fixait l'ordre et la durée des discussions sur les divers points de l'ordre du jour, limitait le temps de parole et prévoyait les mesures permettant aux débats de s'achever dans les limites prévues.

Les Rapports

Les rapports de la C. A. P., des délégués du Parti à l'Internationale et du *Populaire* ont été adoptés à l'unanimité.

Le rapport du Groupe parlementaire a été adopté par 2.642 mandats, avec 143 abstentions et 9 absents.

Le rapport sur la Situation économique internationale a été adopté à l'unanimité et le Congrès a décidé de le publier en brochure.

Le Programme municipal

Le Congrès, après avoir approuvé dans ses grandes lignes le projet d'Henri Sellier, a décidé de le renvoyer à la Commission municipale, d'y joindre diverses suggestions faites au cours de la discussion et d'en ordonner la publication en brochure.

La Tactique électorale municipale

A l'unanimité, le Congrès a voté la motion suivante :

Moins de trois mois nous séparent des élections municipales qui auront une importance considérable.

Dès maintenant les fédérations et les sections doivent prendre, si elles ne l'ont déjà fait, toutes leurs dispositions pour s'y préparer avec la volonté d'en faire sortir le Parti socialiste victorieux. Car, contrairement à ce qu'affirment nos adversaires dans le but de tromper les travailleurs, les élections municipales sont des élections politiques qui doivent être, pour le parti de classe qu'est le Parti socialiste, l'occasion de conquérir le plus grand nombre de municipalités où, en travaillant à la réalisation de son programme municipal dont les directives ont été rappelées par le présent Congrès, il donnera la preuve de la capacité administrative qu'il possède. Ainsi accroîtra-t-il son influence sur les masses et se forgera-t-il de nouveaux moyens de propagande et de lutte.

A l'heure où l'on peut craindre que le Sénat, espoir de la réaction, ne ruine l'œuvre réformatrice que la majorité socialiste et républicaine s'efforce de réaliser, le Parti socialiste doit faire tous ses efforts pour agir sur le Sénat en modifiant le corps électoral sénatorial par une grande victoire municipale.

Pour la rendre plus certaine, pour réunir toutes les conditions qui nous donneront cette victoire, le Congrès, rappelant la résolution de Saint-Quentin, décide :

« Les sections ont le devoir de faire le maximum d'efforts pour lutter, au premier tour de scrutin, avec leurs seules forces socialistes ;

« Dans les communes où l'état de la section et la situation politique locale justifieraient une coalition, elle ne pourrait se faire qu'avec l'autorisation préalable de la Fédération. Même dans ce cas, la section devra propager et commenter par tous les moyens dont elle dispose : réunions, tracts, affiches, le programme du Parti.

« Pour le deuxième tour : Considérant que toute action électorale ou autre du parti de classe qu'est le Parti socialiste doit toujours, au second comme au premier tour, être déterminé exclusivement par l'intérêt supérieur de la classe qu'il représente et dont il poursuit l'affranchissement ;

« Que l'action de classe du prolétariat est liée au maintien et au développement de ses libertés politiques et économiques ;

« Que par la République maintenue et développée, la libération des travailleurs sera aux mains des travailleurs eux-mêmes s'ils savent en user enfin pour leur organisation et leur émancipation ;

« Le Congrès compte sur les fédérations pour indiquer aux sections la tactique à adopter en s'inspirant toujours des intérêts du Parti, du prolétariat et de la république sociale. »

En ce qui concerne les tentatives de devancer la loi par un essai de R. P. volontaire, le Parti socialiste déclare qu'il est profondément attaché à l'idée de la R. P. et résolu à obtenir, par un effort incessant de propagande, une loi réformant en ce sens le régime électoral, mais il met en garde les fédérations contre le péril qu'il y aurait à qualifier de R. P. des combinaisons qui, sous le régime de la loi actuelle, ne peuvent en avoir que le nom et ne peuvent assurer les avantages qui résulteraient de la véritable R. P. telle qu'elle serait organisée par la loi.

La Réforme électorale

Sur la réforme électorale, le Congrès s'est d'abord prononcé, par 2.143 mandats contre 511, en faveur de la représentation proportionnelle en votant le texte suivant :

Le Congrès confirme toutes les résolutions antérieures du Parti sur la nécessité de la représentation proportionnelle, considérée comme un moyen d'assurer une représentation exacte des partis, et de leur conserver, dans la lutte électorale, cette indépendance politique que le Parti socialiste considère comme l'une des conséquences de sa doctrine et l'un des fondements de son action.

Les élus du Parti devront donc, non seulement présenter à l'examen parlementaire des dispositions tendant à obtenir un système de R. P. applicable soit au scrutin de liste soit au scrutin uninominal, mais encore ils agiront vigoureusement avant de se résoudre à toute autre mesure subsidiaire pour que l'assentiment des Chambres se marque sur un projet de représentation proportionnelle juste et loyale.

Ils écarteront toute adultération comme les primes à la majorité et à la plus forte moyenne et se prononceront par conséquent contre le *statu quo* électoral.

Ils n'écarteront pas moins toutes dispositions qui, comme le panachage, permettraient des manœuvres dangereuses des partis adverses et ils se prononceront soit pour l'élection des candidats dans l'ordre de présentation des partis, soit pour le vote préférentiel.

Ils ne se rallieront à un autre système électoral que s'il apparaissait formellement impossible de faire aboutir un vote favorable à une loi de R. P. honnêtement réalisée.

Le Congrès a ensuite voté à mains levées :

Tout en pensant que la loi électorale devra être votée sans attendre la fin de la législature, pour permettre une organisation normale des partis en vue de leur activité électorale, le Congrès ne juge pas impérieuse pour le Parlement l'idée de discuter sans délai sur ce sujet, et il approuve la proposition de la Commission du suffrage universel de ne poser le problème au Parlement qu'après les élections municipales et cantonales.

Puis le Congrès, par 1.595 voix contre 884, a décidé de ne pas remettre à une autre assemblée du Parti le soin de fixer sa position de repli pour le cas où la R. P. véritable ne pourrait pas être obtenue.

Enfin, il a choisi, comme position de repli, le scrutin uninominal en votant, par 1.696 mandats (contre 585 donnés au scrutin de liste), la motion suivante :

Le Congrès, à défaut d'une R. P. juste et loyale, se ralliera à un projet de scrutin uninominal à deux tours de scrutin, avec péréquation des circonscriptions dans toute la mesure possible.

La Politique générale

A l'unanimité, le Congrès a voté la résolution suivante, rapportée par LÉON BLUM au nom de l'unanimité de la Commission des résolutions :

Le Congrès du Parti socialiste enregistre avec satisfaction qu'en dépit des difficultés dont il n'avait pu prévoir entièrement la gravité, et qui tiennent pour une large part à la situation désastreuse où le Bloc National avait laissé les affaires de la France, la tactique adoptée par lui au Congrès du 1er juin et au Conseil national du 1er novembre a procuré dès à présent une partie des résultats qu'il en escomptait, qu'elle a permis de consolider la victoire politique du 11 mai, que la plupart des mesures énumérées dans la lettre de M. Herriot, et telles que lui-même les avait définies, sont aujourd'hui réalisées, engagées ou préparées, que notamment dans les deux ordres de questions auxquelles la classe ouvrière attache le plus de prix : la pacification et l'organisation internationale, d'une part, les réformes sociales de l'autre, d'importants progrès sont dès à présent acquis.

Prenant acte des résultats ainsi obtenus et envisageant l'ensemble de la situation nationale et internationale, le Parti déclare que le Groupe parlementaire reçoit mandat de continuer la politique de soutien, c'est-à-dire de prêter au gouvernement un concours qui a pour condition et pour mesure l'activité démocratique et réformatrice de ce gouvernement lui-même.

Le Parti entend par là que son groupe aura pour objectif de maintenir l'existence du gouvernement dont la décision du Congrès du 2 juin a permis la constitution ; c'est-à-dire qu'il devra faire effort pour prévenir les difficultés de toutes sortes, résultant de la situation elle-même ou soulevées par la réaction et le bolchévisme, qu'il devra, s'il n'a pu les prévenir, les aborder avec la franche résolution de les résoudre dans le sens de l'indication générale que le Parti lui donne. Pour les prévenir comme pour les régler il déterminera son action avec le gouvernement et les autres groupes, tout en veillant, comme l'a rappelé la résolution du Conseil national à ce que les contacts et les concerts reconnus pratiquement indispensables ne puissent en aucun cas et à aucun degré affecter la forme d'un « système permanent et organique ».

L'appui donné au gouvernement, du fait même qu'il répond au vœu des masses prolétariennes ne pourrait être retiré ou interrompu que pour des motifs graves, pleinement intelligibles à la masse de l'opinion ouvrière ou même à l'ensemble de l'opinion publique, et qui ne permettent pas d'imputer au Parti la déception que causerait dans le pays un changement de politique et les conséquences de tout ordre qu'il pourrait entraîner.

Mais sur ce point le Congrès tient à s'expliquer d'une façon plus précise encore.

Quelque prix que le Parti attache à la politique de soutien, il se verrait contraint de retirer son appui au gouvernement:

S'il se trouvait en conflit ou en divergence profonde de vue avec lui sur les questions qui intéressent la paix et l'ordre international, ou sur les problèmes nationaux d'intérêt primordial, tels que l'assainissement de la situation financière ou la lutte contre le renchérissement de la vie;

Si les réformes promises par le gouvernement lui-même, telles que la refonte de l'institution militaire et les assurances sociales se trouvaient trop longtemps différées ou trop incomplètement réalisées.

Le Parti n'entend pas duper l'opinion ouvrière et l'entretenir dans des espérances que les désastres causés par la gestion du Bloc National peuvent rendre pour longtemps irréalisables, mais, il rappelle que c'est l'œuvre de réforme, poussée suivant un rythme accéléré qui peut et doit fournir aux travailleurs la justification de leur concours.

Enfin le Groupe devrait interrompre l'appui qu'il prête au gouvernement lorsque le vote qui lui est demandé se trouverait en contradiction avec la doctrine même du Parti ou avec une de ses règles d'action essentielles.

A cet égard, le Congrès comprend combien est difficile la décision qui incombera au groupe, dans chaque circonstance particulière. Il fait confiance à sa sagesse politique comme à sa conscience socialiste. Il comprendra fort bien que le Groupe s'efforce de résister aux émotions du moment et refuse de se laisser duper par les manœuvres des adversaires. Il ne lui tiendra jamais rigueur de s'être déterminé d'après l'importance réelle des objets et non pas selon leur apparence formelle ou verbale. Mais il lui demande de se montrer particulièrement scrupuleux sur toutes les questions dont le Parti est garant vis-à-vis de l'Internationale et à l'occasion desquelles il a, des années durant, engagé le plein de son action.

****

Le Congrès enregistre avec satisfaction l'effort du Groupe socialiste au Parlement en vue de l'unité de vote et lui demande instamment de réaliser désormais cette unité d'une façon absolue.

*
* *

Il ne perd pas de vue que la politique de soutien a pour effet, dans bien des cas, de rendre moins apparente et moins publique l'action du Parti, soit en l'absorbant dans l'œuvre des commissions, que son influence anime, soit en l'effaçant pour ainsi dire derrière l'action du gouvernement et de la majorité tout entière, mais il n'en est que plus indispensable que le Groupe au Parlement profite de toutes les occasions qui lui sont offertes ou qu'il peut susciter pour exposer dans sa pureté et sa plénitude la pensée socialiste.

Il n'en est que plus indispensable que l'œuvre de propagande et d'éducation socialiste soit développée dans le pays avec le concours du groupe et de tous les organismes du Parti. Il n'en est que plus indispensable que l'action du Groupe soit connue et expliquée par un contact incessant des élus avec les militants et avec l'ensemble de l'opinion ouvrière.

Enfin le Congrès estime non pas affaiblir la politique de soutien, mais la fortifier au contraire en rappelant que l'action collective ou individuelle des élus ne doit prêter à aucune confusion, à aucune équivoque sur le sens et sur la portée de la tactique actuellement adoptée par le Parti.

Pour tirer les fruits de la victoire du 11 mai, pour interdire la renaissance d'une formule de concentration politique à droite qui marquerait le retour ouvert ou déguisé du Bloc National au pouvoir, le Parti socialiste a décidé la politique de soutien et son Groupe parlementaire a été mandaté pour la pratiquer en formant la majorité qui appuie le gouvernement.

A l'heure même où il décide de continuer vigoureusement cette politique, le Congrès déclare qu'une telle attitude ne le lie en rien à l'obligation de faire partie d'une majorité gouvernementale et qu'elle dépend de la seule mesure de la volonté du Parti socialiste et du jugement qu'il applique aux circonstances exceptionnelles du moment.

Cette déclaration s'applique non seulement au Groupe, mais aux Fédérations qui, tant par leur contact avec les élus que par leur action propre, doivent concourir à ce que le caractère distinctif du Parti ne soit jamais oublié ou méconnu.

En pratiquant la politique de soutien, le Parti n'a pas adopté définitivement une tactique nouvelle ni renoncé à sa position traditionnelle et nécessaire de parti de classe. Du fait qu'il la pratique et pendant le temps même qu'il la pratique, il n'entend pas se laisser absorber dans une formation politique plus vaste où il n'entrerait que comme un élément constitutif.

Sa règle suprême d'action aujourd'hui comme toujours est l'intérêt des travailleurs qu'il représente. Le Parti demeure lui-même. Il demeure ce qu'il est, ce qu'il ne peut cesser d'être sans cesser de vivre.

Les Organismes centraux

Les organismes centraux du Parti ont été constitués comme suit :

COMMISSION ADMINISTRATIVE PERMANENTE

Membres titulaires : Barrion, Bracke, Caille, Compère-Morel, Gaillard, Goude, Grandvallet, Grumbach, Guillevic, Lebas, Le Troquer, Gaston Lévy, Jean Longuet, Mauranges, Osmin, Paul Faure, Poisson, Pressemane, Prété, Renaudel, Hubert-Rouger, Sévérac, Alexandre Varenne, Zyromski.

Membres suppléants : Delépine, Louise Saumonneau, Roland, F. Morin, Uhry, Dannély, Drouot, Frot, Evrard, Ramadier, Emile Kahn, Blumel, Maurice Maurin, Mayéras.

COMMISSION DE CONTROLE

Masson, Suzanne Gibault, Philippe Loyau, Nantillé, Beauvillain, Nerson, Welhoff.

DÉLÉGATION A L'INTERNATIONALE

Bracke, Longuet, Renaudel, assistés de Léon Blum et de Paul Faure.

CONSEIL D'ADMINISTRATION DU *Populaire*

Léon Blum, Jean Longuet, Paul Faure, Compère-Morel, Mauss, Courmont, Gaston Lévy, Gaillard, Fiancette, Bracke, Maurin, Hubert-Rouger, Renaudel, Mauranges, Farinet, Corgeron, Gérard, Le Troquer, Masson, Evrard, Guillevic.

DIRECTION DU *Populaire*

Directeur politique : Paul Faure;
Rédacteur en chef : J.-B. Sévérac;
Administrateur : Compère-Morel;
Assistés de Bracke, Gaston-Lévy, Grumbach.

Questions diverses

Le Congrès a en outre voté :

Une *motion* invitant les élus socialistes du Sénat à constituer dès que possible un groupe indépendant;

Une *motion* confiant à la C. A. P. le soin de constituer une commission chargée d'étudier: 1° la création d'un bureau de presse socialiste; 2° la création d'un quotidien du Parti.

Une *motion* recommandant aux députés d'être présents à la Chambre au moment des votes publics à la tribune;

Une *motion* en faveur du vote des femmes;

Une *résolution* recommandant aux organisations socialistes de créer des groupes sportifs adhérents à la Fédération sportive du travail (Internationale de Lucerne);

Une *adresse* de sympathie aux camarades Gaston Delory et Gustave Rouanet, empêchés par la maladie d'assister au Congrès.

Enfin, le Congrès a renvoyé à la C. A. P., avec avis favorable, le choix de Clermont-Ferrand pour siège du prochain Congrès national ordinaire du Parti.

CONSTITUTION DE LA C. A. P.

BUREAU DU PARTI

Dans sa séance du mercredi 25 février, la Commission administrative permanente nommée par le Congrès de Grenoble a été unanime à maintenir dans leurs fonctions :

Paul Faure, secrétaire général;

J.-B. Sévérac, secrétaire adjoint;

Grandvallet, trésorier.

Les sous-commissions statutaires ont été constituées comme suit :

SOUS-COMMISSION INTERNATIONALE

Paul Faure, secrétaire;
Bracke, Grumbach, Longuet, Renaudel, Sévérac, Varenne, Żyromski, membres.

SOUS-COMMISSION DE PROPAGANDE

Hubert Rouger, secrétaire;
Barrion, Compère-Morel, Goude, Guillevic, Lebas, Le Troquer, Mauranges, Osmin, Prété, membres.

SOUS-COMMISSION DES FINANCES

Gaston Lévy, secrétaire;
Caille, Compère-Morel, Gaillard, Grandvallet, Poisson, Pressemane, membres.

SOUS-COMMISSION DES CONFLITS

Goude, secrétaire;
Le Troquer, Sévérac, membres.

SOUS-COMMISSION DES ARCHIVES

Sévérac, secrétaire;
Mauranges, Poisson, membres.

Indiquons tout de suite que, dans le courant de l'année 1925, la C. A. P. a perdu trois de ses membres titulaires :

Varenne, qui a cessé d'appartenir au Parti;
Mauranges et Prété, qui ont donné leur démission de la C. A. P.

Ils ont été automatiquement remplacés par des suppléants de leur tendance :

Le premier, par Raoul Evrard; le deuxième, par Ramadier; le troisième, par Emile Kahn.

CONSEIL NATIONAL EXTRAORDINAIRE

(Paris, 14 et 15 Avril 1925)

Au lendemain de la chute du ministère Herriot, et sur l'initiative du Groupe socialiste au Parlement, un Conseil national du Parti a été convoqué télégraphiquement pour les 14 et 15 avril à Paris.

Il s'agissait d'appliquer aux difficultés nées de la crise ministérielle les règles que le Parti s'étaient données au Congrès de Grenoble.

Le premier soin du Conseil national a été de refuser les offres de participation ministérielle de M. Aristide Briand.

Il l'a fait à l'unanimité dans les termes suivants :

Le Conseil national du Parti socialiste, saisi par le Groupe socialiste au Parlement de la demande de M. Briand, le remercie de son offre de collaboration, mais estime qu'il ne peut l'accepter.

Le Conseil national, saisi ensuite du désir exprimé par M. Painlevé de s'entretenir avec quelques représentants du Parti, a désigné pour se rendre auprès du président de la Chambre une délégation composée des citoyens Compère-Morel, président du Conseil national; Paul Faure et Léon Blum, secrétaires du Parti et du Groupe parlementaire; Texier et Salengro, délégués des fédérations de l'Hérault et du Nord.

Ces délégués, après avoir rempli leur mission, ont fait connaître au Conseil national que M. Painlevé, chargé de constituer un ministère, demandait au Parti d'avoir, vis-à-vis de son gouvernement, la même attitude que vis-à-vis du gouvernement de M. Herriot.

A l'unanimité, le Conseil national a alors adopté la résolution suivante, rédigée par Blum, Marquet, Mistral et Sévérac :

Le Conseil national du Parti socialiste approuve la façon dont la Commission administrative permanente et le Groupe parlementaire ont appliqué à la politique de chaque jour les décisions du Parti.

Pénétré de la gravité exceptionnelle de la situation politique et financière actuelle, il estime que les règles d'action que le Parti s'est données au lendemain des élections du 11 mai doivent rester en vigueur et qu'il faut pratiquer la politique de soutien à l'égard de tout gouvernement résolu à poursuivre l'œuvre à laquelle le Parti s'est loyalement associé depuis dix mois.

Il donne mandat au Groupe parlementaire et à la Commission administrative permanente, en contact avec la C. G. T., de suivre avec vigilance les événements et d'agir, conformément à la décision du Congrès de juin 1924, au mieux des intérêts du Parti, de la classe ouvrière et du pays, dans les circonstances exceptionnelles qui pourront se produire, et en attendant la réunion d'un Congrès ou d'un Conseil national.

Il charge une Commission, composée de Paul Faure, Léon Blum, Renaudel, Vincent Auriol, Bracke et Alexandre Varenne, de rédiger un manifeste adressé au pays.

ÉLECTIONS MUNICIPALES
ET CANTONALES

Les Élections municipales

En application des décisions prises par le Congrès de Grenoble, le Parti socialiste a fait un gros effort aux élections municipales des 3 et 10 mai 1925.

Il a été édité à cette occasion :

1° Une brochure contenant le programme municipal du Parti, voté au Congrès de Grenoble ;

2° Une affiche ;

3° Deux tracts: l'un sur « le Sénat et les élections municipales », l'autre sur « le Prolétariat et la conquête des municipalités ».

On sait que les résultats de ces élections ont pleinement confirmé ceux des élections législatives de 1924. Le Parti socialiste y a enregistré un gros succès. Pour pouvoir en donner la mesure exacte, le secrétariat a adressé à toutes les sections un questionnaire concernant les conditions dans lesquelles les socialistes étaient allés à la bataille et la pénétration des socialistes dans les municipalités.

Le réponses à ce questionnaire ont permis d'obtenir les chiffres suivants, dont le détail a été publié dans le *Populaire* du 1er août et du 23 septembre 1925:

Le Parti est allé à la bataille dans 1.352 communes;

Les voix obtenues — au premier tour — par des listes exclusivement composées de socialistes ont été de 497.499;

Les voix obtenues — au premier tour — par des listes de cartel comprenant des socialistes ont été de 565.722;

Le nombre des élus municipaux socialistes est passé de 4.659 à 9.291;

Le nombre des maires socialistes est passé de 285 à 532.

Les Elections cantonales

Les fédérations ont également fait un gros effort pour les élections cantonales.

Dans sa séance du 15 juillet 1925, la C. A. P. a publié un « Appel au pays socialiste et républicain » dont le retentissement a été grand.

Les résultats de ces élections ont confirmé ceux des élections municipales.

CONGRÈS NATIONAL EXTRAORDINAIRE

(Paris, Salle Japy, 15-18 Août 1925)

Date et ordre du jour

La date du Congrès national extraordinaire avait d'abord été fixée aux 8, 9, 10 et 11 août, avec, à son ordre du jour, l'examen des questions à débattre au Congrès socialiste international et la réorganisation administrative du Parti.

Mais, dans le courant du mois de juin, la connaissance

des projets financiers du gouvernement Painlevé et de la situation au Maroc détermina, dans le Parti, un vif mouvement en faveur de la cessation de la politique de soutien.

Pour hâter la solution des difficultés que cet état de choses avait fait naître au sein du Groupe parlementaire, la C. A. P., dans sa séance du 24 juin, décida d'avancer aux .12, 13, 14 et 15 juillet la date du Congrès extraordinaire et d'ajouter à son ordre du jour l'examen de la situation politique et la question de l'application des décisions du Parti par le Groupe parlementaire.

Cette nouvelle date tombait dans la dernière semaine de la campagne pour les élections cantonales. De plus, le Groupe parlementaire avait, entre temps, dénoncé la politique de soutien. La C. A. P. put donc, sans inconvénient, reculer le Congrès au 15 et 16 août.

Il s'est tenu dans la salle Japy.

Le Cas Varenne

Le citoyen Alexandre Varenne, député du Puy-de-Dôme, ayant accepté les fonctions de gouverneur général de l'Indochine, le Congrès, saisi par la C. A. P., eut à se prononcer sur deux motions.

L'une, présentée par RENAUDEL, constatant que le Parti n'avait pas été saisi par Varenne de l'offre qui lui était faite, regrettait les conditions dans lesquelles il l'avait acceptée. Elle déclarait incompatible le mandat de député du Parti avec les fonctions de gouverneur de l'Indo-Chine. Elle invitait Varenne à choisir entre les deux. Elle déclarait enfin qu'au cas où Varenne ne ferait pas ce choix, il serait considéré comme radié du Parti.

L'autre motion, rédigée par BRACKE, LEBAS et SÉVÉRAC, était ainsi rédigée :

Le Congrès, après avoir constaté l'absence du citoyen Varenne, prend acte, d'une part, de la décision de la Fédération du Puy-de-Dôme, demandant à Varenne de choisir entre la qualité de membre du Parti et l'acceptation des fonctions de gouverneur de l'Indo-Chine, d'autre part, de la suite que le citoyen Varenne a donnée à cette décision.

Le Congrès déclare, en conséquence, que le citoyen Varenne s'est mis en dehors du Parti.

C'est ce texte que le Congrès vota par 2.113 mandats, contre 391 au texte de Renaudel (avec 306 abstentions ou absents).

La Politique générale

Après deux séances de discussion et après délibération de la Commission des résolutions, le Congrès s'est trouvé en présence de deux motions :

L'une, rapportée par Renaudel, confirmait la décision par laquelle le Groupe socialiste au Parlement avait dénoncé la politique de soutien. Elle donnait à une politique de soutien éventuelle les règles et les limites fixées par les Congrès antérieurs. Enfin, elle acceptait l'idée d'une participation des socialistes à un gouvernement résolument démocratique, pacifique et réformateur.

L'autre résolution, rapportée par Blum, déclarait :

La mission du Parti socialiste est de grouper et d'instruire les travailleurs en parti international de classe. Mais l'accomplissement de cette mission ne le rend pas indifférent au mouvement des faits politiques. Il n'a jamais oublié et n'oublie pas que de l'état des institutions et de l'opinion publique dépendent, et la réalisation des réformes immédiates exigées par la classe ouvrière, et, dans une large mesure, le succès de son propre effort d'organisation et d'éducation. Il s'est toujours efforcé d'exercer sur l'évolution des faits politiques, l'action la mieux appropriée aux circonstances et la plus favorable aux intérêts du prolétariat. Il continuera d'agir en ce sens et d'employer à cette fin toute sa puissance parlementaire.

Il affirme d'autant plus nettement cette résolution, à l'heure où le Bloc National, c'est-à-dire la forme de réaction la plus dangereuse pour les libertés ouvrières et pour la paix internationale, bien que trois fois vaincue dans les luttes électorales, tente au Parlement un retour offensif. S'il juge impossible de continuer son soutien parlementaire au cabinet actuel, c'est précisément parce qu'il n'entend pas faiblir dans la lutte engagée contre la réaction, et qu'il veut rester fidèle à la volonté exprimée par le suffrage universel.

Pour les mêmes raisons, il est prêt à aider de son appui tout gouvernement qui tenterait un effort vigoureux pour faire aboutir les mesures réclamées par le prolétariat — notamment en ce qui concerne l'organisation de la paix, l'assainissement financier, la justice fiscale, les assurances sociales, la réforme militaire, la refonte de l'enseignement — et qui ne reculerait pas dans cet effort devant la résistance des forces associées du grand capitalisme et du conservatisme politique.

L'appui du Parti, dans ce cas, prendrait la forme du soutien parlementaire, tel qu'il a été défini par la résolution de Grenoble, dont l'objet était, tout en assurant à cette tactique sa pleine efficacité, de préserver l'entière indépendance du Parti, et l'expression complète de sa pensée sur tous les problèmes et sur tous les sujets.

Par contre, il continue d'écarter la participation éventuelle du Parti socialiste à un gouvernement constitué par d'autres partis. Indépendamment des difficultés qui découlent du caractère même de l'action socialiste, la participation dans l'état actuel du Parti et dans l'ensemble des circonstances politiques, ne pourrait que nuire à l'intérêt des travailleurs et du socialisme lui-même, sans faciliter d'ailleurs, en aucun cas et dans aucune mesure, la tâche d'un gouvernement démocratique.

Le Congrès rappelle aux élus que les divisions de vote, toujours nuisibles à la propagande et à la cohésion morale des militants, sont moins admissibles encore quand le Parti pratique la politique de soutien dont l'unité de vue est, en fait, la condition nécessaire. Il rappelle enfin à tous ses organismes, élus et militants, que le socialisme n'a jamais entendu se laisser englober ou absorber dans aucun bloc ou cartel permanent de partis politiques et qu'il est plus que jamais nécessaire, pour prévenir des confusions dont profiteraient seuls ses adversaires, de préserver le caractère distinct de sa propagande comme de son action électorale, le respect absolu de son indépendance comme de ses règles propre d'organisation.

C'est cette résolution qui fut votée par 2.110 mandats contre 559 à la motion RENAUDEL (avec 22 abstentions et 3 absents).

Le Maroc

A l'unanimité, le Congrès vote la résolution suivante :

Le Parti socialiste n'assume aucune responsabilité du passé pour l'occupation militaire du Maroc.

Il entend seulement tenir compte d'un problème de fait auquel il applique la résolution commune d'action votée le 28 juillet par la Conférence socialiste anglo-franco-espagnole.

Conformément à cette résolution, le Parti regrette:

1° Que le gouvernement français ait reculé devant la publication immédiate des conditions de paix arrêtées avec le gouvernement espagnol;

2° Qu'il n'ait pas jugé utile de faire tenir directement et officiellement ses conditions à Abd-El-Krim, fournissant par là au chef riffain des prétextes pour ne pas donner de réponse à des propositions ainsi présentées ;

3° Qu'à l'heure actuelle le plan d'une coopération militaire avec l'Espagne apparaisse devant l'opinion avant même que soient connues les propositions de paix et contrairement aux engagements pris devant le Parlement par le gouvernement répondant aux interpellateurs du Parti socialiste.

En conséquence, le Parti socialiste déclare que si le Groupe socialiste au Parlement s'est abstenu quand s'est présenté devant les Chambres le vote des crédits d'opérations militaires au Maroc, il lui paraît maintenant impossible que ses élus législatifs et sénatoriaux s'associent, soit par un vote des crédits, soit par un vote approbatif, à l'imprévoyance politique marocaine du gouvernement actuel.

Il se déclare opposé à toute excitation démagogique qui peut conduire des soldats isolés, soit à la fraternisation avec les Riffains, soit à la désertion, et qui fait d'eux les victimes à la fois de la discipline du militarisme français et de la politique étrangère de bolchévisme.

Attaché à la paix, afin d'épargner le sang des prolétaires qu'il a pour mission de protéger et de sauver, le Parti socialiste se déclare l'adversaire de l'évacuation du Maroc qui créerait des complications internationales plus dangereuses que le *statu quo.*

La Représentation proportionnelle

Concernant la représentation proportionnelle, le Congrès s'est trouvé en présence de deux propositions.

L'une, rapportée par LEBAS, déclarait qu'aucun espoir n'étant plus permis d'une réforme électorale proportionnaliste, les élus parlementaires devront se prononcer pour le scrutin uninominal à deux tours.

L'autre, rapportée par RENAUDEL, disait :

Le Congrès donne mandat au Groupe parlementaire de reprendre devant la Chambre — dans un délai assez court pour que les partis aient ensuite le temps de prendre leurs dispositions en vue des élections prochaines — le problème de la loi électorale basé sur la R. P. juste et loyale, telle que l'avait définie le Congrès de Grenoble.

Il rappelle à ses élus qu'ils sont liés par toutes les décisions prises par ce Congrès sur ce problème.

Il leur rappelle aussi qu'ils devront, sur cette question comme sur toute autre, réaliser l'unité de vote.

Cette motion est votée par 2.199 mandats, contre 595 à la motion Lebas (avec 38 abstentions).

La Réorganisation administrative du Parti

Le Congrès adopte à l'unanimité les conclusions d'un rapport présenté par Sévérac et qui comportent la convocation prochaine d'un Conseil national spécialement chargé de la révision des statuts.

Préparation du Congrès socialiste international

A l'unanimité le Congrès vote un rapport de Chaillé sur les conditions de la vie ouvrière et le chômage; un rapport de Lebas sur la Convention de Washington et les huit heures; un rapport de Léon Blum sur la politique de paix du socialisme; un rapport de Bracke sur la représentation et les cotisations des partis au sein de l'Internationale ouvrière.

Il désigne pour représenter le Parti au Congrès socialiste international qui va se tenir à Marseille, du 22 au 27 août, les citoyens :

Paul Faure, Sévérac, Grandvallet, Léon Blum, Léon Bon, Renaudel, Compère-Morel, Grumbach, Zyromski, Bracke, Chaillé, René Cabannes, Marquet, Gibault, Evrard, Louis Lévy, citoyenne Louis Lévy, citoyenne Saumoneau, Jean Longuet, Waltz, Kahn, Guillevic, Poisson, Barthès, Vincent Auriol, Moutet, Signoret, Bouret, Bonnet, Fontanier, Osmin, Sahuc, Théo-Bretin, Février, Fouilleron.

Questions diverses

Le Congrès a en outre voté la résolution de discipline suivante:

Le Congrès confirme les résolutions de la C. A. P. mettant à exécution les résolutions du Congrès de Lille en ce qui concerne l'adhésion de membres du Parti à des formations d'action politique en dehors de lui, quelles qu'elles soient.

En conséquence, il rappelle qu'il est inadmissible que les membres du Parti prêtent leur concours à des organisations comme les Comités actuels d'action prolétarienne, puisque les directives sur les sujets divers proposés à l'activité de ses membres rentrent dans l'action définie par le Parti socialiste.

La C. A. P. veillera rigoureusement à l'application de cette indication.

Le Congrès rappelle aussi à tous les militants qui écrivent dans les journaux dirigés par eux ou par des citoyens non socialistes, qu'ils doivent s'abstenir des polémiques de caractère personnel, et que même dans les luttes de conception et de tendance, il convient de garder une mesure dans les critiques formulées, si l'on veut ménager toujours l'unité du Parti.

Une *motion* contre l'exécution capitale de communistes en Pologne;

Une *motion* en faveur de l'application de la loi des huit heures en Algérie;

Une *motion* en faveur de la réintégration des cheminots révoqués;

Une *motion* affimant l'urgence des décrets attendus en faveur des tuberculeux;

Une *motion* demandant l'abrogation des décrets réglant l'exode des travailleurs indigènes d'Algérie vers la métropole;

Une *motion* chargeant le Groupe parlementaire d'exiger la convocation immédiate des Chambres et prévoyant, en cas de refus du gouvernement, une tournée de masse dans le pays.

Le Congrès a décidé:

La création d'une Commission d'études coloniales, composée de trois membres de la C. A. P., trois membres du Groupe parlementaire et, par cooptation, des militants qui se sont plus spécialement occupés de ces questions;

La mise à l'ordre du jour du prochain Congrès du Parti, du problème colonial;

Le renforcement de la propagande écrite;

La publication du compte rendu sténographique de ses débats.

CONSEIL NATIONAL

(Paris, 1ᵉʳ et 2 Novembre 1925)

Ordre du jour

Le Conseil national prévu par le Congrès de la salle Japy s'est tenu le 1ᵉʳ et le 2 novembre à Paris, dans la salle des Fêtes du 21 de la rue Cadet et, pour la dernière séance, dans le grand salon de la Maison des Coopératives, 85, rue Charlot.

Son ordre du jour avait été fixé comme suit:

1° Réorganisation administrative du Parti;
2° Constitution d'une Fédération des municipalités socialistes.

A ces questions, le Conseil national a joint l'examen de la situation politique.

Réorganisation administrative du Parti

Les modifications apportées aux statuts du Parti ont été légères, sauf sur deux points: le règlement des conflits et la composition de la C. A. P.

A l'unanimité le Conseil national a décidé, sur la proposition de Sévérac, de rédiger comme suit les articles 49 à 57 du chapitre des conflits:

ARTICLE 49. — Tout membre du Parti relève individuellement du contrôle de sa fédération.

ARTICLE 50. — Chaque fédération nomme, dans son Congrès ordinaire annuel, une Commission permanente fédérale des conflits composée de membres ayant au moins cinq ans de Parti. Le Congrès national nomme chaque année une Commission permanente nationale des conflits composée de neuf membres ayant au moins dix ans de Parti.

ARTICLE 51. — Toute demande de contrôle, dont les intéressés (membres ou groupements) appartiennent à la même fédération, est portée devant le Bureau fédéral qui la transmet immédiatement à la Commission fédérale des conflits. Toute demande de contrôle intéressant deux ou plusieurs fédérations est portée devant le Bureau du Parti qui la transmet immédiatement à la Commission nationale des conflits.

ARTICLE 52. — La Commission (fédérale ou nationale) des conflits peut rejeter la demande de contrôle ou appliquer les peines de l'avertissement privé ou public, du blâme, de la suppression temporaire de toute délégation ou de l'exclusion du Parti. Elle peut aussi, à la demande des parties, conclure à un arbitrage dont elle désigne le tiers-arbitre.

ARTICLE 53. — Si la demande de contrôle est reconnue mal fondée, elle peut donner lieu, par la même Commission, aux mêmes sanctions contre la partie qui l'a introduite.

ARTICLE 54. — L'exclusion et la suspension temporaire ne peuvent être prononcées que pour manquement grave aux principes et aux règlements du Parti, pour violation certaine des engagements contractés, pour acte ou conduite de nature à porter gravement préjudice au Parti.

ARTICLE 55. — Les décisions des Commissions fédérales sont définitives, sauf pour la suspension temporaire et l'exclusion, qui ne deviennent définitives que 30 jours après la décision prise. Pendant ce délai, appel pourra être fait à la Commission nationale des conflits.

ARTICLE 56. — Les décisions de la Commission nationale sont définitives, sauf pour l'exclusion, qui ne deviendra définitive que 30 jours après la décision prise. Pendant ce délai, appel pourra être fait au Conseil national qui jugera en dernier ressort.

ART. 57. — L'appel est dans tous les cas suspensif. Toutefois, la peine d'exclusion prononcée par une Commission (fédérale ou nationale) des conflits, entraîne la cessation de toute délégation au nom du Parti.

Concernant la composition de la C. A. P., deux principales thèses se sont trouvées en présence. L'une, défendue par RENAUDEL et Léon BLUM, prévoyait un remaniement profond de la constitution du Parti. Les pouvoirs du Conseil national et de la C. A. P. étaient confiés à une assemblée plus large que la C. A. P. actuelle et qui, déchargée par le Bureau de toute la besogne administrative, serait une assemblée politique.

L'autre thèse, défendue notamment par Paul FAURE, BRACKE, COMPÈRE-MOREL et LEBAS, se bornait à porter à 33 (au lieu de 24) le nombre des membres de la C. A. P. et à prévoir la procédure d'une consultation rapide des fédérations. Cette thèse s'exprimait par la rédaction suivante de l'article 32 des statuts:

La Commission administrative permanente comprend 33 membres, élus directement au scrutin de liste et au vote secret par le Congrès national annuel, sans que le nombre des élus parlementaire puisse dépasser 12. Elle s'adjoindra, toutes les fois que les circonstances l'exigeront et obligatoirement une fois tous les deux mois, quinze membres que le Congrès désignera chaque année en même temps qu'elle et de la même manière, en les choisissaut parmi les délégués non parlementaires des fédérations départementales autres que celles de la Seine et de la Seine-et-Oise.

Ce texte a été adopté par 1.579 mandats, contre 1.117 donnés à la proposition BLUM-RENAUDEL.

Pour les autres modifications — toutes légères — apportées à nos statuts par le Conseil national, chacun les trouvera aisément dans le nouveau règlement du Parti, joint aux feuilles d'adhésion pour l'année 1926.

Fédération des municipalités socialistes

Le Conseil national — sur rapport de Gaston LÉVY — a voté unanimement la constitution de la Fédération des municipalités socialistes, dont les statuts avaient été élaborés par une Conférence des municipalités socialistes tenue à Paris, la veille du Conseil national et dans le même local.

La Situation politique

Au moment où le cabinet remanié de M. Painlevé allait se représenter devant les Chambres, la question se posait de savoir quelle serait l'attitude du Groupe parlementaire à son égard.

Après discussion, le Conseil national s'est trouvé en présence de quatre propositions :

1° Une résolution de RENAUDEL, autorisant le Groupe à voter la confiance, afin de permettre au Gouvernement de déposer dans un court délai ses projets financiers ;

2° Une proposition de Léon BLUM demandant que le Conseil national réponde par oui ou non à la question de savoir si le Groupe parlementaire doit accorder sa confiance provisoire au Gouvernement ;

3° Une motion de Paul FAURE refusant la confiance au Gouvernement ;

4° Une motion d'AURIOL accordant un court répit au Gouvernement jusqu'au dépôt de ses projets financiers;

5° Une motion préalable de SÉVÉRAC demandant que le Conseil national ne se substitue pas au Groupe parlementaire et se borne à rappeler les décisions des Congrès antérieurs.

La motion préalable est repoussée à mains levées.

BLUM et AURIOL se rallient à la proposition RENAUDEL.

On vote sur les deux motions restant en présence.

Celle de RENAUDEL obtient 1.228 mandats. Celle de Paul FAURE est votée par 1.433 mandats (31 abstentions et 126 absents).

Voici le texte de la motion Paul FAURE:

Le Conseil national, après avoir entendu la relation des entretiens du Comité politique du Groupe parlementaire avec le chef du nouveau gouvernement, déclare que les décisions des Congrès antérieurs du Parti lui commandent d'inviter le Groupe parlementaire à ne pas accorder sa confiance au cabinet de M. Painlevé.

Il laisse au Groupe, après le débat de politique générale qui s'engagera au Parlement, le soin d'apprécier s'il doit refuser sa confiance sous la forme d'un vote hostile ou de l'abstention motivée.

CONGRÈS NATIONAL EXTRAORDINAIRE

des 10 et 11 Janvier 1926

Convocation et ordre du jour

Pendant la crise ministérielle qui suivit la chute du deuxième cabinet Painlevé, le Groupe socialiste au Parlement avait, dans sa séance du 24 novembre 1925, voté à l'unanimité l'ordre du jour suivant:

Le Groupe socialiste continue à placer au premier rang de ses préoccupations la situation financière.

Il a foi dans les solutions qu'il a proposées sous la signature de ses membres.

Il reste convaincu que, préparées et accompagnées par des

actes d'une énergie égale aux circonstances, elles peuvent assurer le salut financier du pays dont dépend, en fin de compte, le salut des libertés républicaines elles-mêmes.

Il déclare qu'il est prêt à assurer l'exécution de ces mesures.

Il est prêt à le faire en prenant le pouvoir seul, quelle que soit la faiblesse de ses effectifs parlementaires et sans reculer devant aucun risque.

· Il est prêt à le faire en collaboration avec les partis de démocratie qu'il a lui-même soutenus, à condition de faire prévaloir dans l'action gouvernementale les solutions de décision et de volonté qui sont seules susceptibles de sauver le pays.

Dans sa séance du 25 novembre 1925, la C. A. P., afin de couper court à toute interprétation fausse de l'ordre du jour du Groupe parlementaire, vota, par 13 voix contre 10, la motion dont voici le texte :

En présence des interprétations tendancieuses qu'une partie de la presse bourgeoise a données de l'ordre du jour voté, à l'unanimité, par le Groupe socialiste au Parlement, dans sa réunion du 24 novembre 1925;

Considérant, d'autre part, que ces interprétations ne peuvent pas être relevées comme il faudrait, par suite de l'absence d'un quotidien central du Parti;

La Commission administrative permanente croit devoir mettre tous les militants en garde contre ces interprétations.

Elle estime que la décision du Groupe socialiste n'est nullement en opposition avec les résolutions de nos Congrès nationaux et, notamment, en ce qui concerne la crise ministérielle actuelle, avec la résolution votée par le Congrès national extraordinaire du mois d'août dernier, qui écarte expressément « la participation éventuelle du Parti socialiste à un gouvernement constitué par d'autres partis ».

On se rappelle sans doute que, dans la même nuit, les délégués du Groupe socialiste au Parlement décidaient de refuser l'offre de collaboration ministérielle qui avait été adressée par M. Herriot, et que, dès le lendemain, le Groupe, par un ordre du jour voté à l'unanimité, approuvait sa délégation.

C'est à la suite de ces incidents que, sur la demande du Groupe parlementaire, la C. A. P., dans sa séance du 16 décembre, décidait la convocation d'un Congrès national extraordinaire qui devait se prononcer sur les deux courants d'opinion qui s'étaient manifestés au sein du

Groupe et plus particulièrement au moment de la crise ministérielle de la fin du mois de novembre.

Elle décidait, en outre, la publication dans le *Populaire* du 23 décembre de deux rapports justificatifs destinés à faire connaître à tous les militants les deux thèses en présence.

Ce Congrès s'est tenu à Paris, salle de « La Bellevilloise », les 10 et 11 janvier 1926.

Politique générale

Par 1.766 mandats, contre 1.331 donnés à une motion rapportée par PRESSEMANE, le Congrès a voté la résolution suivante, rapportée par Paul FAURE :

Le Parti socialiste, réuni en Congrès extraordinaire, soucieux au suprême degré des intérêts du monde du travail et de ceux de la nation, qu'il confond et identifie, croit fermement à la possibilité d'un vigoureux effort de redressement budgétaire et financier efficace.

Non seulement il en a la profonde et intime conviction, mais il tient à l'affirmer publiquement avec toute la force dont il est capable.

Il se déclare prêt à pratiquer de nouveau une politique de soutien à l'égard de tout gouvernement de réformes et de paix, résolument décidé à briser les résistances financières, patronales, sénatoriales.

S'il se refuse catégoriquement à déléguer quelques-uns de ses représentants dans le sein d'un cabinet constitué par un autre parti, il n'entend nullement, au cours des événements actuels et dans les circonstances exceptionnelles présentes, se dérober aux responsabilités directes du pouvoir.

Il est donc prêt à les assumer soit tout seul, avec le soutien des groupes de gauche, soit en appelant dans le gouvernement qu'il constituerait et où il conserverait l'autorité et la majorité, des représentants d'autres groupes, de façon à avoir toujours la certitude d'assurer, dans l'action gouvernementale, la prépondérance des solutions de décision, d'énergie, d'audace et de volonté qu'il croit seules susceptibles de sauvegarder l'avenir du pays et de sauver la démocratie menacée.

Le Parti socialiste, plus profondément pénétré que jamais de l'impérieuse nécessité d'assurer et de maintenir l'unité de vote de ses députés dans le sens des décisions de ses congrès,

Rappelle au Groupe socialiste de la Chambre qu'étant, dans le sein du Parlement, l'expression politique vivante et agissante d'une classe en lutte cuverte et continue contre le régime capitaliste, son Etat, ses privilèges et ses injustices, il doit toujours rester lui-même, conserver sa physionomie propre et ne jamais aliéner l'indépendance de son action.

S'il lui faut, pour les nécessités pratiques de cette action, prendre contact et entrer en relation avec les représentants d'autres partis, ces contacts et ces conseils ne devront, en aucun cas, affecter le caractère d'un système permanent et organique.

Pour ne pas manquer tout à la fois à sa tradition historique et à son devoir socialiste, le Groupe parlementaire apportera ses solutions aux différents problèmes financiers, politiques et économiques qui se posent devant lui, en défendant, à la tribune de la Chambre, les projets socialistes ou d'inspiration socialiste, qu'il a élaborés, se réservant ensuite, s'ils sont repoussés, la faculté de voter ceux qu s'en rapprochent le plus.

Discipline

La motion de discipline, dont voici le texte, a été votée à l'unanimité :

Le Congrès, souhaitant que le concours donné à la propagande par les membres du Groupe parlementaire soit plus actif et plus efficace, leur rappelle qu'ils ont le devoir de prendre une part plus grande à la propagande du Parti, et compte sur les fédérations pour les amener à donner leur concours entier.

Le Congrès invite le Groupe parlementaire à n'émettre aucun vote en contradiction formelle avec les décisions régulières du Parti. Il rappelle aux élus qu'ils devront réaliser l'unité de vote en toute occasion, et charge la C. A. P. de s'entendre avec le Groupe pour assurer cette unité.

Pour un quotidien du Parti

A l'unanimité aussi, le Congrès s'est prononcé comme suit en faveur de la création d'un quotidien du Parti :

Le Congrès est heureux que la C. A. P. ait pris l'initiative d'appeler les fédérations à réaliser la création d'un quotidien central du Parti, seul moyen d'assurer la connaissance exacte de sa pensée et de son action et de lui laisser diriger cette action par lui-même.

Il compte que les fédérations apporteront tout leur concours à la création de cet organe.

Le Scandale de Hongrie

Le Congrès a été également unanime à voter sur le scandale de Hongrie le texte suivant :

Le Congrès national du Parti socialiste, en présence du scandale soulevé par la découverte des agissements des faux-monnayeurs royalistes et fascistes de Hongrie, dont il est apparu avec éclat qu'ils poursuivaient aussi bien des buts secrets de revanche militaire, que des fins d'extrême réaction intérieure.

Rappelle que c'est à la faveur de l'aveugle et brutale politique des gouvernements de réaction des Clemenceau et des Poincaré que fut détruite la République hongroise présidée par Karolyi — animée d'un esprit de paix et de fraternité internationale — et que fut installé et maintenu au pouvoir à Budapest, dans les circonstances les plus tragiques, le gouvernement de la Terreur blanche du dictateur Horthy.

Que, malgré les avertissements apportés par le Parti socialiste, tant à la tribune de la Chambre que dans la presse, ce gouvernement d'extrême réaction a rencontré l'appui financier complaisant des dirigeants du Bloc National et de la Société des Nations, trop facilement abusée.

Constate que dans ce véritable Panama de la réaction hongroise, non seulement les directeurs de la Sûreté et quatre membres du ministère du comte Béthlen, mais son chef lui-même, le régent Horthy, sont gravement compromis dans la fabrication des faux billets de banque français.

Déclare que le maintien du régime actuel en Hongrie est un péril pour la paix de l'Europe et envoie à la classe ouvrière, aux socialistes de Hongrie et à toutes les victimes de la Terreur blanche, l'expression de son entière solidarité.

PROPAGANDE

Propagande orale

Les quatre délégués permanents du Parti : citoyenne Saumoneau, Lucien Roland, René Cabannes et A. Inghels, ont continué de parcourir les fédérations pour y propager notre doctrine et y faire connaître notre action.

Du 15 décembre 1924 au 1er février 1926, la citoyenne Saumoneau a visité les départements de :

Aube, 8 réunions; Drôme, 11; Basses-Alpes, 12; Drôme, 17; Seine-et-Oise, 1; Aude, 19; Basses-Alpes, 22; Doubs, 12; Ardèche, 5; Aude, 11; Landes, 12; Tarn, 16; Haute-Saône, 17; Aisne, 18; soit 181 réunions.

Du 17 janvier 1925 au 15 février 1926, le citoyen Lucien Roland a visité les départements de :

Ain, 8 réunions; Maine-et-Loire, 14; Saône-et-Loire, 11; Savoie et Haute-Savoie, 22; Oise, 8; Loiret, 1; Indre, 12; Sarthe, 8; Oise, 16; Aisne, 12; Charente-Inférieure, 16; Côtes-du-Nord, 16; Oise, 18; Vaucluse, 16; soit 178 réunions.

Du 4 janvier 1925 au 1er février 1926, le citoyen René Cabannes a visité les départements de :

Cantal, 9 réunions; Lot, 14; Gard, 9; Basses-Pyrénées, 8; Isère, 14; Dordogne, 10; Saône-et-Loire, 15; Seine-et-Oise, 12; Pas-de-Calais, 10; Jura, 16; Corrèze, 13; Creuse, 9; Deux-Sèvres, 15; Marne, 9; Belfort, 7; Morbihan, 12; Vienne, 8; Corse, 12; Bouches-du-Rhône, 9; soit 211 réunions.

Du 20 décembre 1924 au 28 février 1926, le citoyen Albert Inghels a visité les départements de :

Haute-Vienne, 10 réunions; Vendée, 15; Isère, 2; Ariège, 12; Ille-et-Vilaine, 13; Vosges, 52; Belgique, 1; Lozère, 11; Gers, 9; Algérie-Tunisie, 24; Alpes-Maritimes, 6; Somme, 10; Nord, 6; Côte-d'Or, 12; Loiret, 2; Eure-et-Loir, 1; soit 176 réunions.

Les camarades de la C.A.P. ayant rempli des délégations de propagande ont été : Bracke (4), Grumbach (3), Grandvallet (4), Osmin (1), Longuet (4), Maurin (7), Sévérac (14), Zyromski (15) (les parlementaires, membres de la C. A. P., ne figurent pas sur cette liste. Les délégations à l'Internationale n'y figurent pas non plus).

Les députés se sont mis à la disposition du Parti soit pour des conférences isolées, soit pour les tournées de masse organisées par la C. A. P.

Depuis le Congrès de Grenoble, trois tournées de masse ont eu lieu :

La première, les 4 et 5 mars 1925, en Seine-et-Oise, a eu le concours de 35 parlementaires;

La deuxième, du 16 au 28 octobre, dans tout le pays, a eu le concours de 36 députés;

Enfin la troisième (les 27 et 28 février, 6 et 7 mars 1926) a eu le concours de 45 parlementaires.

Propagande écrite

.La propagande écrite du Parti a été faite par le moyen de brochures, de manifestes et de tracts et par le *Populaire*.

Depuis Grenoble, le Parti a réédité les brochures suivantes:

Léon BLUM: *Pour être socialiste* (8.000 ex.); *Les Commentaires du Programme socialiste* (5.000); JAURÈS-GUESDE: *Les deux méthodes* (8.000); Jules GUESDE: *Le Collectivisme* (5.000); Paul LAFARGUE: *Le Communisme et l'Evolution économique* (5.000).

Il a édité:

René CABANNES: *Les Assurances sociales* (1.000); Gaston LÉVY: *Le Socialisme et les relations économiques internationales* (2.000); KAUTSKY: *L'Internationale et la Russie des Soviets* (2.000); GOUIN et SPINASSE: *La Situation financière* (3.600); BLUMEL: *Réalisations* (1.200); PARTI SOCIALISTE: *Le Programme municipal du Parti* (30.000); DOLEY: *Critique de la loi sur les accidents du travail*; JAURÈS: *Sur la controverse Bernstein-Kautsky* (5.000); DANNEBERG: *Les Réalisations socialistes de Vienne* (2.000); FRITZ ADLER: *L'Enquête des Trades Unions en Russie* (1.000); BUREAU DE L'I. O. S.: *Le Congrès international de Marseille* (200); PARTI SOCIALISTE: *XXIIIᵉ Congrès national, Rapports* (4.500).

Trois manifestes ont été publiés:

Celui du 17 juillet 1925, par la C. A. P. et le Groupe socialiste;

Celui du 2 octobre 1925, par la C. A. P.;

Celui du 18 mars 1926, par la C. A. P. et le Groupe socialiste.

Ce dernier a fait la matière d'un tract qui a été tiré à 600.000 exemplaires.

Le *Populaire* n'a pas seulement servi de « bulletin administratif », par lequel tous les membres du Parti ont pu suivre les travaux de la C. A. P., du Groupe parlementaire, de la délégation permanente, etc.

On a tâché d'en faire, autant que possible, un instrument de propagande. Et c'est pourquoi on y a donné, aussi souvent qu'on l'a pu, soit les discours in-extenso de nos députés sur d'importants problèmes politiques, soit de larges extraits de ces discours.

C'était aussi faire œuvre de propagande que de publier dans le *Populaire* des rapports en vue de nos assises nationales, ainsi que les comptes rendus analytiques de nos Congrès et de nos Conseils nationaux.

Bien des numéros du *Populaire* ont ainsi apporté à tous nos camarades l'équivalent d'une grosse brochure de propagande.

Le banquet donné à Paris, le 1ᵉʳ novembre 1925, pour fêter les 100.000 adhérents et le 20ᵉ anniversaire de l'Unité socialiste, peut être porté au compte de la propagande, par le grand retentissement qu'il a eu.

ÉLECTIONS COMPLÉMENTAIRES

Depuis le Congrès de Grenoble, les socialistes ont eu à engager la lutte dans quelques élections complémentaires : Municipales, cantonales et législatives.

Le 14 février 1926, il s'agissait de remplacer, à Belfort, un député radical. La réaction avait pour candidat M. Tardieu. Le candidat socialiste était le citoyen Naegelen.

M. Tardieu l'a emporté avec 9.839 voix, contre 6.217 au candidat radical, 854 au candidat communiste et 2.567 voix au porte-parole du Parti.

La réaction gagnait 2.700 voix ; le candidat communiste, 190 ; le radical en perdait 1.800 ; le candidat socialiste, 400.

A Paris, le 14 mars 1926, le deuxième secteur de la Seine avait à élire deux députés.

Au premier tour, le Bloc National a obtenu 47.000 voix ; les communistes 37.600 ; les radicaux et socialistes français 11.700 ; nos candidats, les camarades INGHELS et OSMIN, 15.619 et 15.368 voix.

La Fédération de la Seine a décidé le désistement, au deuxième tour, en faveur des candidats communistes, pour barrer la route au Bloc National.

A la suite d'une démarche faite par le citoyen DÉAT, et d'une demande de subvention de la Fédération de la Marne, la C. A. P., dans sa séance du 3 février, décida d'entendre DÉAT et, si possible, un représentant de la Fédération de la Marne, au sujet de l'élection qui devait avoir lieu dans ce département, le 28 février, afin de pourvoir au remplacement de deux députés, parmi lesquels notre regretté camarade LOBET.

Le 5 février, les camarades POIREL, MATHIEU et DÉAT, de la Fédération de la Marne, vinrent donner à la C. A. P. des informations sur la situation politique dans ce département.

Le 10 février, la C. A. P. était saisie d'une lettre du secrétaire de la Fédération de la Marne, l'informant que celle-ci avait décidé de faire, au premier tour, liste commune avec le Parti radical-socialiste, et de choisir Déat comme candidat du Parti.

Par 12 voix contre 11, la C. A. P. vota l'ordre du jour suivant :

La C. A. P. estime qu'en faisant, dès le premier tour, liste commune avec les radicaux, les socialistes de la Marne se mettent en désaccord avec les décisions formelles du Parti, sans bénéfice pour les intérêts du socialisme.

Elle leur demande, en conséquence, de mener la bataille du premier tour avec les seuls candidats du Parti, quitte à faire, au deuxième tour, bloc avec tous les électeurs de gauche, pour barrer la route à la réaction, ainsi que le Parti en a toujours fait la règle à ses militants.

La Fédération de la Marne, ayant demandé à la C. A.P. de revenir sur sa décision, celle-ci, dans sa séance du 24 février, s'en tint à l'ordre du jour qu'elle avait voté.

La Fédération de la Marne passa outre à l'ordre du jour de la C. A. P. et Déat fut élu sur une liste du Cartel.

La C. A. P., dans sa séance du 3 mars 1926, décida de

mettre le Groupe parlementaire au courant du désaccord existant entre elle et la Fédération de la Marne, et de lui faire connaître qu'il serait sans doute bien inspiré en remettant l'adhésion de Déat au Groupe jusqu'au lendemain du Congrès national.

Le lendemain, 4 mars, le Groupe socialiste fut informé oralement de cette décision par le secrétaire-adjoint du Parti, qui en donna, d'autre part, confirmation par lettre au citoyen Léon Blum, secrétaire du Groupe socialiste au Parlement.

ACTION INTERNATIONALE

Sans empiéter sur le rapport des délégués réguliers du Parti à l'Exécutif de l'Internationale ouvrière et sans parler du Congrès socialiste international tenu à Marseille en août 1925 et auquel la Section française de l'I. O. S. a activement participé, nous pouvons dire ici que la C. A. P. a, dans la mesure de ses moyens et la limite de ses ressources matérielles, associé le Parti à l'action socialiste internationale.

Il a été représenté aux obsèques de EBERT et de BRANTING.

Il a pris l'initiative d'une action commune avec les socialistes espagnols, touchant le Maroc.

Il est intervenu pour aider de ses deniers le Parti socialiste italien et s'est joint à toute l'Internationale pour protester contre la dissolution de ce parti.

Il a pris part à l'action socialiste internationale, en faveur de la ratification de la Convention de Washington.

Il a marqué sa solidarité avec nos camarades espagnols, en apportant sa contribution à l'érection d'un monument Pablo Iglesias, à Madrid.

Il a pris l'intiative d'une Conférence qui s'est tenue à Bruxelles, entre délégués des partis socialistes d'Allemagne, de Belgique et de France, pour l'examen des traités de commerce intéressant ces trois pays.

Il a joint son action à celle des autres partis de l'Internationale contre la Terreur blanche et les crimes du Gouvernement hongrois (Conférence de Genève du 12 mars — délégation à Londres).

Il est intervenu auprès du représentant de la Russie en France en faveur des socialistes révolutionnaires russes emprisonnés.

Signalons enfin, qu'à plusieurs reprises, la C. A. P. a dû, faute de crédits suffisants, renoncer à se faire représenter dans les Congrès des autres sections de l'Internationale.

POUR LE QUOTIDIEN DU PARTI

Dans sa séance du 25 novembre 1925, la C. A. P. a approuvé l'initiative du Bureau concernant un premier appel dans le *Populaire* en faveur d'un quotidien du Parti.

Ce premier appel a paru dans le *Populaire* du 17 novembre.

Il a été suivi de plusieurs autres.

Ils demandaient à tous les membres du Parti d'apporter leur contribution à la constitution d'un capital de lancement et de souscrire des abonnements de six mois et d'un an. Ils conseillaient, en outre, à toutes les sections de désigner un camarade de confiance qui aurait la charge de centraliser les fonds et de les adresser au trésorier du Parti. Ils déclaraient, enfin que les sommes ainsi recueillies seraient retournées à leurs expéditeurs, pour le cas où la tentative échouerait.

Ces appels n'ont pas seulement déterminé l'envoi de fonds dont le *Populaire* a donné le détail dans ses colonnes, ils ont suscité aussi toute une correspondance contenant de nombreuses suggestions.

Beaucoup de militants souhaitent que le futur quotidien du Parti ne soit pas seulement un organe politique, mais aussi un organe d'information aussi large et complète que possible.

Plusieurs pensent que les versements seraient plus nombreux et plus importants si l'on constituait tout de suite un Société par actions.

D'autres proposent l'établissement d'une contribution obligatoire, soit sous la forme d'une augmentation du prix des timbres mensuels, soit sous la forme d'un timbre mensuel spécial.

Signalons aussi le vœu, plusieurs fois exprimé, que le futur quotidien du Parti ait des abonnements mensuels, et celui qu'une grande campagne de réunions soit entreprise dans tout le pays avec, comme mot d'ordre, la création du quotidien.

CONCLUSION

Ainsi qu'on pourra le voir par les chiffres contenus dans le rapport de la trésorerie, l'année 1925 a été tout particulièrement favorable au recrutement de notre Parti.

Elle a été également marquée par le très grand succès du socialisme aux élections municipales.

En même temps qu'il augmentait ses effectifs et sa force de rayonnement, notre Parti voyait se dresser sur sa route des difficultés venant de ses progrès eux-mêmes et d'une situation politique souvent fort embarrassée.

C'est là sans doute ce qui explique que, dans moins de douze mois, nous ayons tenu cinq assises nationales, trois Congrès (février 1925, août 1925, janvier 1926) et deux Conseils nationaux (avril et novembre 1925).

Ainsi le Parti tout entier a pu, presque au jour le jour, donner ses directives à ceux qui sont chargés de faire sa politique.

Nos adversaires ont pu s'en étonner. Non pas nous, qui n'avons jamais cessé de penser que l'action faite au nom du Parti doit être fixée par le Parti lui-même.

Chez d'autres, les comités directeurs imposent aux partis leurs mots d'ordre, leurs thèses et leur politique. Chez nous, c'est le Parti, c'est le prolétariat organisé en formation de classe, qui discute, se prononce et confie aux organismes centraux le soin d'appliquer ses décisions.

RAPPORT FINANCIER

présenté par le citoyen GRANDVALLET,
Trésorier général du Parti.

QUELQUES CONSTATATIONS

1° Sur les recettes :

Le budget prévisionnel adopté à Grenoble escomptait: 374.000 francs de recettes administratives, et 133.560 francs de recettes de propagande. Au total 507.560 francs.

Les comptes de l'exercice financier que vous trouverez plus loin accusent pour 1925 : 598.393 fr. 72 de recettes administratives, et 135.420 fr. 05 de recettes de propagande. Au total 733.813 fr. 77.

Soit un excédent de 226.253 fr. 77, dont : 224.393 fr. 72 du budget administratif, et 1.860 fr. 05 du budget de propagande.

Cet accroissement de recettes provient en grande partie du fait des 50.337 adhérents nouveaux.

2° Sur les dépenses :

Les dépenses administratives prévues pour 394.000 fr. se sont élevées à la somme de : 486.083 fr. 95, marquant un excédent de: 92.083 fr. 95, qui provient des frais de réparations et d'impositions du local du siège : 3.700 francs :

De l'augmentation de la correspondance et des frais de bureau : 2.750 francs, croissant d'une part en relation avec l'accroissement de nos effectifs et d'autre part, en relation avec l'augmentation du coût de la vie;

De 18.680 francs du chapitre: impression de cartes et de timbres, justifié également par le recrutement;

De 19.150 francs imputables au *Populaire* bi-mensuel, et dont l'explication détaillée se trouve dans le rapport présenté par COMPÈRE-MOREL.

Au chapitre Congrès :

22.000 francs étaient prévus pour notre action internationale. Mais l'Internationale nous ayant imposé une partie des frais du Congrès de Marseille, le crédit prévu fut dépassé de 22.212 fr. 80.

25.000 francs avaient été également prévus pour les frais des Congrès et Conseils nationaux. Mais le Parti ayant tenu, contrairement à son habitude, deux Congrès et deux Conseils dans le cours de l'exercice 1925, le crédit de ce chapitre fut dépassé de 23.053 fr. 35.

Au chapitre Propagande :

Le crédit affecté était de 153.560 francs.

Il fut dépassé de 17.165 fr. 75, excédent provenant de 900 francs sur les frais de voyages des délégués permanents; de 1.000 francs octroyés à la Fédération Mixte des Jeunesses, pour lui permettre d'envoyer des élèves à l'Ecole supérieure socialiste belge; de 3.900 francs, nécessités pour le remplacement du Secrétaire du Groupe Socialiste au Parlement, qui est malade; de 6.000 francs au *Populaire* quotidien; de 1.700 francs, prêts à Fédération, et de 822 francs pour organisation de manifestations.

Vous trouverez également une plus-value de 60.000 fr., montant du remboursement fait au Parti Belge sur l'emprunt de 300.000 francs qu'il avait consenti au *Populaire*, et qui devaient être pris sur l'encaisse au 31 décembre 1924.

Le Budget se solde donc par un excédent de recettes de 17.000 francs, mais je dois indiquer que si nous avions fait paraître les 24 numéros du bi-mensuel, cet excédent serait inexistant.

COMPTE FINANCIER

Budget

RECETTES

A. — *Recettes cotisations:*

50.337 cartes permanentes	30.102 20	
111.276 feuilles de cotisations 1925..	162.114 »	
1.194 statuts et règlements........	191 40	192.864 60
Abonnements Fédérations d'Alsace ..	457 »	
924.028 timbres	361.219 20	
Trop perçu	252 »	361.471 20

Nota. — La différence qui existe entre le montant des cotisations provient de ce que les Fédérations des Haut et Bas-Rhin les paient à un taux moins élevé.

B. — *Recettes extraordinaires:*

Remboursement de prêts...........	2.910 »	
Intérêt des fonds placés...........	10.225 12	14.281 82
Imprévues......................	766 70	
Dépôt	380 »	
Publicité	13.948 55	
Loyer	10.701 »	26.564 60
Abonnements	1.915 05	

C. — *Caisse de solidarité:*

Vente insignes		3.211 50
TOTAL......................		598.393 72

DE L'EXERCICE 1925

administratif

DEPENSES		
A. — *Ordinaires:*		
Personnel	71.400 »	
Frais du siège	50.391 85	
— de bureau	2.242 25	
— de correspondance	4.864 30	
— d'envois	1.876 35	
— divers d'administration	282 30	373.797 55
— d'archives	273 80	
Achat matériel	137 50	
Impression de cartes et timbres	35.682 55	
Populaire bi-mensuel	206.646 65	
B. — *Congrès:*		
Congrès international de Marseille	25.308 25	
Frais de délégations internationales	8.724 95	
Cotisations internationales	10.179 60	
Frais d'organisation des Congrès nationaux	14.546 45	
Frais de voyage des délégués aux Congrès nationaux	18.771 80	92.266 15
Frais de voyage des délégués aux Conseils nationaux	9.245 55	
Frais d'organisation des Conseils nationaux	5.489 55	
C. — *Dépenses extraordinaires:*		
Imprévues	100 25	
Remboursement de dépôt	18.080 »	18.180 25
D. — *Caisse de solidarité:*		
Achat d'insignes	1.800 »	
Secours	40 »	1.840 »
TOTAL		486.083 95

COMPTE FINANCIER
Budget de

RECETTES		
D. — *Ordinaires* :		
Cotisation des élus parlementaires..............	132.400	»
— — municipaux ......,.......	1.190	»
E. — *Extraordinaires* :		
Vente de tracts et dons.............. 1.411 55	1.830	05
Souscription électorale 418 50		
Total des recettes de propagande.......	135.420	05
— — administratives.......	598.393	72
Total des recettes..................	733.813	77

DE L'EXERCICE 1925

propagande

	DEPENSES		
E. — *Ordinaires :*			
Délégués permanents	52.800	»	
Frais de voyage et de séjour........	39.659	30	
Impression tracts et affiches..........	3.660	60	
Subvention Fédération Sportive......	750	»	136.759 80
— — Jeunesses.....	1.750	»	
Secrétariat Groupe parlementaire.....	21.900	»	
Frais éditions et librairie...........	16.239	90	
F. — *Extraordinaires :*			
Organisation de manifestations.......	5.822	»	
Subvention électorale à fédérations, en espèces, tracts ou affiches..........	200	»	93.965 95
Prêt à Fédérations	3.000	»	
Subvention au *Populaire* quotidien....	84.943	95	
TOTAL des dépenses de propagande......			230.725 75
— — administratives......			486.083 95
TOTAL des dépenses.................			716.809 70
EXCÉDENT de recettes................			17.004 07
BALANCE			733.813 77

LA LIBRAIRIE POPULAIRE

Comme vous avez pu le lire dans le rapport du secrétariat au XXII° Congrès, la Librairie Populaire a été réorganisée et est devenue le Service d'édition et de propagande écrite du Parti.

Elle a édité cette année 81.500 brochures, dont vous trouverez l'énumération dans le rapport du Secrétariat.

Elle a réédité 21.000 chansons en musique, petit et grand format, ainsi que 94.600 portraits et cartes postales, et elle a augmenté son stock de 101.000 insignes divers.

Quoiqu'elle limite sa vente à la littérature socialiste et à tout ce qui aide à la propagande, ou rappelle le souvenir des meilleurs de nos militants, sa vente brute pour quatorze mois a été de 71.660 fr. 70.

Vous remarquerez à son tableau financier que son encaisse, qui était à néant le 30 octobre 1924, était au 31 décembre 1925 de 11.344 fr. 95; que la valeur de son stock passe, pour la même période, de 21.500 à 47.261 francs et qu'au passif, les fournisseurs et créditeurs divers tombent de 10.220 fr. 90 à 5.319 fr. 70.

Ces chiffres prouvent que ce service est en voie d'amélioration et qu'il ne tient qu'au Parti lui-même, en écoulant ses stocks, de l'aider dans son développement, en lui permettant de nouvelles éditions et rééditions; assurant en même temps à ses adhérents la culture socialiste qui leur est nécessaire pour mener à bien l'émancipation totale des travailleurs.

LIBRAIRIE POPULAIRE

BILANS fin Octobre 1924 et fin Décembre 1925

ACTIF	31/10/24	31/12/25	PASSIF	31/10/24	31/12/25
Matériel et mobilier...	6.830 »	6.830 »	Fournisseurs..........	8.720 90	2.819 70
Caisse	»	11.344 95	Créditeurs divers......	1.500 »	2.500 »
Clients	9.691 »	9.691 »	Parti socialiste........	19.164 40	52.851 20
Stock marchandies.....	21.500 »	47.261 »	Balance	8.635 70	17.767 45
Fournitures rendues....		1.821 40			
	38.021 »	76.948 35		38.021 »	76.948 35

Exercice 1925 — DÉTAIL DU COMPTE PERTES ET PROFITS

DÉBIT		CRÉDIT	
Personnel	17.100 »	Bénéfice sur vente...............	23.512 55
Frais généraux............	6.412 55		
	23.512 55		23.512 55

NOTA. — Vente brute pour 14 mois: 71.660 fr. 70.

La valeur du stock annoncée dans le dernier rapport, au prix de vente, est calculée, cette année, au prix d'achat.

BILAN au 31 Décembre 1925

ACTIF				PASSIF		
Avoir disponible :				Dû sur exercice 1926		98.333 70
En caisse		30.064 85		Compte liquidation 1920		108.225 17
Compte courant 190		172.552 98		Dû à divers		7.000 »
Compte courant 259-33		89.306 15		Pertes et profits		185 »
Caisse Populaire		4.103 25		Crédit des fédérations		15 80
Avoir sur créances :				A la Caisse de solidarité		6.759 15
Dû par fédérations (cotisations ordinaires 1925)		100 60		A *Populaire* quotidien		400.000 »
Seine	1.500 »			Souscription journal		15.388 »
Oise (1921)	2.033 30					
Côtes-du-Nord (1921)	764 45					
Dû par Uhry	2.700 »	22.813 75				
Elus parlementaires	12.400 »					
Dû par Mouret	2.506 »					
Dû par C. M.	910 »					
Mobilier et divers :						
Obligations *Humanité*	375 »					
Matériel	15.000 »	15.375 »				
Bibliothèque, archives, librairie		58.605 »				
TOTAL		382.921 68				
BALANCE		252.985 14				
		635.906 82		TOTAL		635.906 82

LES TABLEAUX COMPARATIFS

Vous remarquerez, par l'étude du tableau des cartes et timbres des années 1924 et 1925, que toutes les fédérations ont progressé à peu près dans les mêmes proportions.

Mais vous y verrez que onze fédérations nouvelles se sont constituées; ce sont celles :

De Constantine, de la Corse, de la Haute-Marne, du Haut-Rhin (Belfort), du Lot-et-Garonne, de la Martinique, de la Manche, de la Meuse, d'Oran, de l'Yonne, du Maroc, et que trois sont en formation dans la Moselle, les Landes, la Guadeloupe, ce qui porte le nombre de nos fédérations à 94 et le nombre de nos sections à 2.990.

Celui des fédérations les plus importantes vous indiquera le rang tenu par chacune d'elles et le progrès de classement réalisé.

Tout d'abord, il vous indique qu'en 1924, nous avions 19 fédérations de plus de 1.000 adhérents et 17 de 500 à 1.000; qu'en 1925, nous en avons 29 de plus de 1.000 et 27 de 500 à 1.000.

Il vous montre que 19 de nos fédérations ont droit à plus de 41 mandats; c'est-à-dire qu'elles possèdent au moins 1.000 adhérents représentés à nos assises nationales.

Vous savez que, d'après l'article 24 ne sont représentés que les cartes appuyées de douze timbre.

Si bien que sur 111.276 inscrits, 77.093 adhérents seulement ont droit à la représentaton.

On peut y voir, *par exemple*, que, tandis que la Creuse et la Loire-Inférieure gagnent 7 places, le Lot en perd 14 et les Basses-Alpes 6, sur le nombre de leurs adhérents.

Que l'Aude perd 5 places et la Seine-et-Marne 9, par suite de leur force de cotisations.

Que, par contre, le Bas-Rhin en gagne 7, le Gard 3, les Bouches-du-Rhône 3, pour la même raison.

Le graphique des cartes fait apparaître dans toute leur

force les néfastes effets de la guerre mondiale et de la scission bolcheviste.

Le tableau de prise annuelle fait surtout apparaître l'effort continu en période calme vers le maximum de cotisations :

1925 marque sur 1924, 0,02 p. 100 de fléchissement, dus certainement au recrutement de plus de 3.000 adhérents dans le dernier trimestre.

Enfin, un dernier graphique indiquant :

Qu'avant 1924, il n'était guère possible de mesurer avec exactitude le rendement de la propagande de nos militants.

Mais la nouvelle carte mise en application va nous permettre de le faire avec exactitude.

C'est ainsi que pendant les années 1921-22-23, années de reconstitution du Parti, de gros efforts de propagande furent faits et doivent certainement avoir produit des résultats.

Cependant, au 31 décembre de chacune de ces années, il était impossible de s'en apercevoir, car les effectifs du Parti restaient stationnaires.

A partir de 1924, comme l'indique le graphique, nous pouvons constater nos gains et nos pertes, et si le total de nos pertes de 1925 est à peu près égal à celui de 1924, l'on peut constater que le pourcentage tombe de 14 à 9 o/o.

Le service du *Populaire* bi-mensuel ne doit pas être étranger à ce résultat, et je suis persuadé que si le service complet avait fonctionné depuis le 1ᵉʳ janvier, ce pourcentage serait encore plus faible.

Les Fédérations les plus importantes étaient :

En 1924		En 1925		
Ayant plus de 1000 adhérents	Ayant de 500 à 999 adhérents	Représentées par plus de 41 mandats	Ayant plus de 1000 adhérents	Ayant de 500 à 999 adhérents
1. Nord.	20. Lot.	1. Nord.	1. Nord.	30. Loire-Infᵉ.
2. Seine.	21. Tarn.	2. B.-du-Rhône.	2. Pas-de-Calais.	31. Jura.
3. B.-du-Rhône.	22. Seine-et-Oise.	3. Pas-de-Calais.	3. Seine.	32. Charente-Infᵉ.
4. Pas-de-Calais.	23. Seine-et-Marne.	4. Seine.	4. Gironde.	33. Basses-Alpes.
5. Saône-et-Loire.	24. Oise.	5. Saône-et-Loire.	5. B.-du-Rhône.	34. Lot.
6. Gironde.	25. Ille-et-Vilaine.	6. Gironde.	6. Haute-Vienne.	35. Indre-et-Loire.
7. Haute-Vienne.	26. Basses-Alpes.	7. Haute-Vienne.	7. Saône-et-Loire.	36. Somme.
8. Hérault.	27. Ardennes.	8. Bas-Rhin.	8. Hte-Garonne.	37. Vosges.
9. Var.	28. Creuse.	9. Haut-Rhin.	9. Hérault.	38. Seine-Infᵉ.
10. Rhône.	29. Marne.	10. Rhône.	10. Rhône.	39. Savoie.
11. Haut-Rhin.	30. Jura.	11. Var.	11. Haut-Rhin.	40. Haute-Savoie.
12. Bas-Rhin.	31. Haute-Saône.	12. Hérault.	12. Aude.	41. Ain.
13. Puy-de-Dôme.	32. Aisne.	13. Hte-Garonne.	13. Var.	42. Côte-d'Or.
14. Hte-Garonne.	33. Indre-et-Loire.	14. Puy-de-Dôme.	14. Puy-de-Dôme.	43. Ardèche.
15. Aude.	34. Somme.	15. Seine-et-Oise.	15. Bas-Rhin.	44. Vaucluse.
16. Finistère.	35. Seine-Infᵉ.	16. Gard.	16. Seine-et-Oise.	45. Drôme.
17. Isère.	36. Loire-Infᵉ.	17. Aude	17. Isère.	46. Pyrénées-Orient.
18. Allier.		18. Finistère.	18. Finistère.	47. Dordogne.
19. Gard.		19. Isère.	19. Gard.	48. Aveyron.
			20. Allier.	49. Sarthe.
			21. Tarn.	50. Morbihan.
			22. Creuse.	51. Corrèze.
			23. Seine-et-Marne	52. Aisne.
			24. Haute-Saône.	53. Deux-Sèvres.
			25. Ardennes.	54. Loir-et-Cher.
			26. Ille-et-Vilaine.	55. Algérie.
			27. Martinique.	56. Nièvre.
			28. Marne.	
			29. Oise.	

TABLEAU COMPARATIF DES CARTES ET TIMBRES 1924 et 1925

FÉDÉRATIONS	FEUILLES Cotisations annuelles	TIMBRES	FEUILLES Cotisations annuelles	TIMBRES
	Au 31 décembre 1924		Au 31 décembre 1925	
Ain	495	3.400	710	5.975
Aisne	535	4.530	535	4.280
Algérie	375	2.000	500	5.100
Allier	1.450	9.000	1.650	10.000
Alpes-Maritimes	140	1.398	370	2.076
Ardennes	707	6.090	1.200	9.250
Ariège	130	1.202	400	4.050
Aube	210	3.100	440	3.500
Aude	1.550	12.700	2.420	15.925
Ardèche	374	4.035	655	6.700
Aveyron	380	2.600	562	4.675
Bouches-du-Rhône	3.800	45.600	4.610	54.920
Basses-Alpes	729	7.448	800	7.250
Basses-Pyrénées	105	850	461	3.500
Bas-Rhin (Strasbourg)	1.700	20.000	2.300	29.000
Calvados	185	1.000	421	3.920
Cantal	200	900	250	2.200
Charente	124	900	374	1.800
Charente-Inférieure	400	3.300	830	7.157
Cher	250	1.600	250	1.495
Constantine	»	»	286	2.120
Corrèze	230	1.866	540	4.375
Corse	23	196	287	2.441
Côte-d'Or	250	1.500	697	5.905
Côtes-du-Nord	350	2.700	440	2.200
Creuse	675	4.250	1.277	10.450
Dordogne	263	1.944	570	3.000
Doubs	135	1.325	406	2.130
Drôme	375	3.620	600	4.162
Deux-Sèvres	266	2.010	525	4.000
Eure	300	1.100	370	3.100
Eure-et-Loir	125	1.000	153	1.300
Finistère	1.500	12.000	1.698	15.100
Gard	1.125	10.350	1.685	17.700
Gers	195	2.350	425	3.301
Gironde	3.020	19.860	5.000	34.000
Guadeloupe	»	»	63	44
Haute-Garonne	1.700	13.600	2.750	21.000
Hérault	2.250	25.800	2.680	21.150
Hautes-Alpes	200	810	292	2.395
Haute-Loire	»	»	10	30
Haute-Marne	20	60	199	1.287
Hautes-Pyrénées	155	800	120	800
Haut-Rhin (Belfort)	»	20	265	1.196
Haut-Rhin (Mulhouse)	1.750	15.000	2.500	27.000
Haute-Saône	543	3.670	1.250	8.675
Haute-Savoie	200	2.400	715	7.760
Haute-Vienne	2.300	19.000	3.996	30.375
Isolés	4	48	10	236

FÉDÉRATIONS	FEUILLES Cotisations annuelles	TIMBRES	FEUILLES Cotisations annuelles	TIMBRES
	Au 31 décembre 1924		Au 31 décembre 1925	
Ille-et-Vilaine	850	4.780	1.160	8.500
Indre	300	2.000	400	3.475
Indre-et-Loire	525	3.850	851	6.286
Isère	1.470	9.18c	2.020	13.950
Jura	620	3.720	900	9.200
Landes	»	»	137	227
Loir-et-Cher	200	2.400	512	6.667
Loire	347	2.170	465	3.346
Loire-Inférieure	510	4.182	950	6.888
Loiret	180	1.705	300	2.450
Lot	999	11.864	871	5.179
Lot-et-Garonne	70	420	201	1.253
Lozère	198	2.374	290	3.480
Martinique	2	7	1.150	6.750
Maine-et-Loire	300	1.900	375	2.800
Manche	74	597	135	900
Marne	675	5.260	1.074	8.935
Maroc	»	»	344	4.248
Meurthe-et-Moselle	250	1.000	451	2.551
Meuse	1	12	200	1.740
Moselle (Metz)	50	158	120	647
Morbihan	180	1.516	550	4.600
Mayenne	»	»	2	24
Nièvre	380	2.700	500	3.600
Nord	8.750	83.000	12.200	108.750
Oise	850	5.300	1.070	7.500
Oran	»	»	»	»
Orne	215	1.400	233	1.805
Pas-de-Calais	4.630	28.710	6.045	48.000
Puy-de-Dôme	1.700	14.000	2.350	20.500
Pyrénées-Orientales	315	2.850	580	5.050
Rhône	1.800	14.400	2.650	22.625
Saône-et-Loire	2.520	20.160	3.970	35.000
Sarthe	330	3.000	553	3.950
Savoie	300	1.800	750	7.125
Seine	3.975	32.600	5.900	47.500
Seine-et-Marne	905	6.400	1.270	7.050
Seine-et-Oise	915	7.320	2.050	16.200
Seine-Inférieure	520	5.000	760	6.100
Sénégal	»	»	31	372
Somme	521	4.419	782	5.100
Tarn	920	7.360	1.450	11.600
Tarn-et-Garonne	210	1.300	350	2.600
Tunisie	140	1.430	150	1.675
Vaucluse	385	3.000	650	4.950
Vendée	270	1.916	380	3.900
Vienne	205	1.530	250	1.900
Vosges	475	2.000	763	5.256
Var	1.800	21.300	2.400	21.550
Yonne	69	405	224	1.566

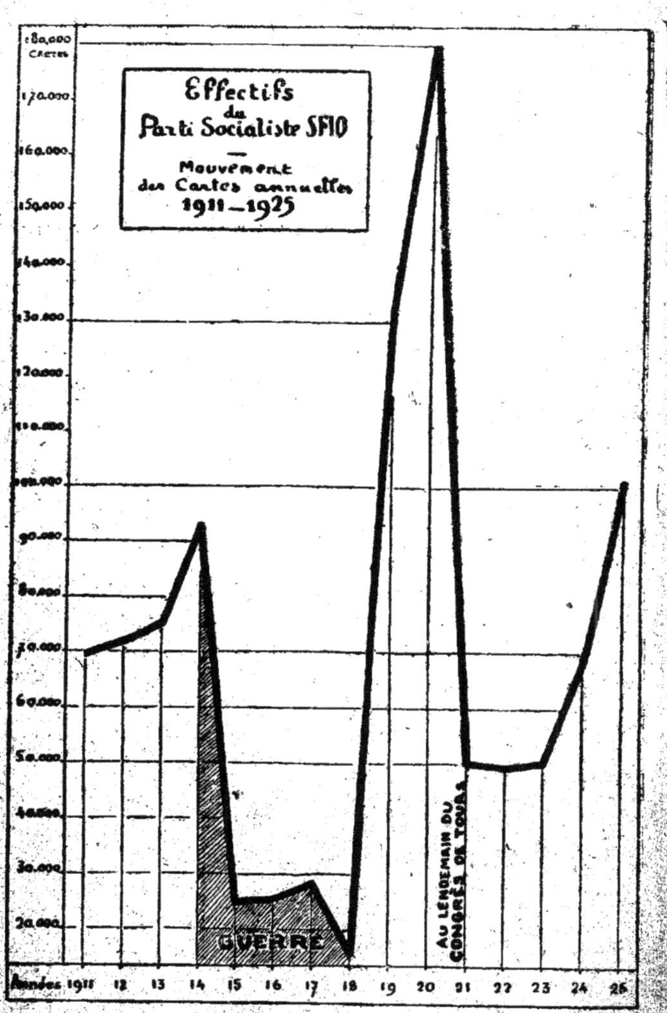
Effectifs
du
Parti Socialiste SFIO
—
Mouvement
des Cartes annuelles
1911—1925
180.000
CARTES
170.000
160.000
150.000
140.000
130.000
120.000
110.000
100.000
90.000
80.000
70.000
60.000
50.000
40.000
30.000
20.000
GUERRE
AU LENDEMAIN DU
CONGRÈS DE TOURS
Années 1911 12 13 14 15 16 17 18 19 20 21 22 23 24 25

Prise annuelle de Cartes et Timbres

ANNÉES	NOMBRE		TIMBRES PRIS POUR	
	de cartes	de timbres	100 cartes	une carte
1911............	69.578	553.065	795	7,95
1912............	72.692	581.191	799	7,99
1913............	75.192	626.511	833	8,33
1914............	93.218	576.184	618	6,18
1915............	25.393	146.779	578	5,78
1916............	25.879	194.577	751	7,51
1917............	28.224	222.298	787	7,87
1918............	15.827	145.490	919	9,19
1919............	133.277	891.076	668	6,68
1920............	179.787	1.417.168	788	7,88
1921............	50.449	372.694	738	7,38
1922............	49.174	374.805	762	7,62
1923............	50.496	402.373	796	7,96
1924............	72.659	605.147	832	8,32
1925............	111.276	925.118	830	8,30

Graphique du recrutement
sur prise de C.P. et F.C.
20 10 0 10 20 30 40 50 60 70 80 90 100 110 115 120 130 140 150
1925
P. 11,906
11.316 F.C.
G. 38.931
9 % 72,345
50.337 C.P.
1924
P. 11,941
72.345 F.C.
G. 22.727
14 % 50,118
34.668 C.P.
1923
50.118 F.C.
1922
49.174
1921
51.896
Echelle
Expression en 1000
C.P. cartes permanentes
F.C. feuilles cotisations
G. Gain
P. Perte

RAPPORT SUR *LE POPULAIRE*

Présenté par Compère-Morel,
Directeur-Administrateur du Journal

Le premier numéro de l'année 1925 fut tiré le 15 janvier à 52.300 exemplaires. Le tirage a progressé d'une façon continue, comme l'indique le tableau suivant, montant mensuellement à :

DATES TIRAGE		N° BI-MENSUEL	EXEMPLAIRES
15 janvier 1925	.....	15	52.300
4 février »	.....	16	35.040
25 février »	.....	17	58.500
11 mars »	.....	18	60.297
1er avril »	.....	19	70.500
20 avril »	.....	20	73.000
29 avril »	.....	21	71.000
18 mai »	.....	22	70.200
3 juin »	.....	23	73.835
16 juin »	.....	24	71.900
3 juillet »	.....	25	77.400
17 juillet »	.....	26	80.733
1er août »	.....	27	81.740
31 août »	.....	28	86.550
23 septembre »	.....	29	91.000
2 octobre »	.....	30	91.000
23 octobre »	.....	31	93.000
6 novembre »	.....	32	95.000
27 novembre »	.....	33	95.100
11 décembre »		34	95.600
23 décembre »	.....	35	96.030

Soit un total général de .... 21 n^{os} et 1.638.385 exempl.

A combien se sont chiffrées les dépenses ?

Du fait des augmentations de toute nature, soit : impression, papier, frais généraux, etc., il résulte une augmentation progressive mensuelle sur les évaluations prévues.

Ainsi, le papier que nous avions payé, en juin 1924, à 155 francs les 100 kilogrammes, se paie ce jour 225 francs les 100 kilogrammes, soit une majoration de 77 francs tous les 5.000 exemplaires, ou 1.540 francs pour 100.000 exemplaires.

Le tableau suivant en donne le décompte :

N°	IMPRESSION	PAPIER	RÉDACTION	ADMINISTRATION
15	954 65	1.876 45	190 »	1.050 »
16	958 35	1.903 »	190 »	1.050 »
17	1.787 50	4.196 60	800 »	1.050 »
18	994 65	2.229 55	190 »	1.050 »
19	1.071 15	2.606 70	190 »	1.050 »
20	1.058 65	2.855 30	290 »	1.050 »
21	1.049 45	2.562 40	100 »	1.050 »
22	1.044 65	2.502 40	140 »	1.050 »
23	1.062 80	2.811 15	140 »	1.050 »
24	1.053 15	2.737 50	240 »	1.050 »
25	1.080 65	3.100 10	190 »	1.050 »
26	1.097 30	3.233 45	140 »	1.050 »
27	1.102 35	3.273 85	140 »	1.050 »
28	2.038 95	7.084 25	530 »	1.050 »
29	1.398 65	3.724 70	190 »	1.050 »
30	1.178 65	3.804 80	190 »	1.050 »
31	1.293 65	3.909 30	190 »	1.050 »
32	1.301 90	4.201 90	340 »	1.050 »
33	1.331 05	4.227 25	90 »	1.050 »
34	1.305 20	4.522 90	240 »	1.050 »
35	1.307 60	4.543 20	40 »	1.050 »
Total....	25.470 95	71.906 75	4.750 »	12.600 »

Les frais d'envoi et les frais généraux du bi-mensuel se montent mensuellement à :

	FRAIS GÉNÉRAUX	DÉPART ET ENVOIS
Janvier	23 75	2.438 55
Février	109 85	5.013 75
Mars	157 15	3.758 35
Avril	18 40	10.225 45
Mai	32 95	3.276 30
Juin	69 65	6.617 95
Juillet	15 »	7.185 70
Août	293 80	3.897 50
Septembre	»	8.376 85
Octobre	100 35	8.433 95
Novembre	13 15	8.594 20
Décembre	65 80	8.619 95
TOTAL......	899 85	76.438 50

En résumé, les 21 numéros de l'année 1925 ont coûté :

Impression	25.470 95
Papier	71.906 75
Rédaction	4.750 »
Administration	12.600 »
Départ	76.438 50
Frais généraux	899 85

soit au total, pour les 21 numéros: 192.066 fr. 05 de dépenses, ce qui fait une moyenne de o fr. 1172 par numéro, pour un tirage annuel de 1.638.385 exemplaires, soit en augmentation de o fr. 0172 sur prix prévu au début.

Quelles ont été les recettes ?

Mensuellement, elles se chiffrent ainsi :

	Parti Socialiste	ABONNEMENTS	PUBLICITÉ
Janvier	10.000 »	132 50	» »
Février	14.500 »	89 60	2.125 »
Mars	8.000 »	283 75	540 90
Avril	18.587 50	220 30	2.275 »
Mai	16.000 »	144 65	1.480 »
Juin	17.988 90	188 »	537 50
Juillet	23.609 05	181 05	» »
Août, septembre	94.950 »	187 60	2.366 15
Octobre	19.000 »	128 85	3.514 »
Novembre	24.000 »	145 »	660 »
Décembre	22.504 »	213 75	350 »
TOTAL	269.130 45	1.915 05	13.948 55

Mensuellement, les dépenses du bi-mensuel sont :

Janvier	6.373 40
Février	16.019 05
Mars	8.319 70
Avril	22.977 50
Mai	7.956 30
Juin	15.622 20
Juillet	17.182 20
Août	9.092 50
Septembre	24.798 40
Octobre	20.370 70
Novembre	21.269 45
Décembre	22.084 65
TOTAL................	192.066 05

Le *Populaire* bi-mensuel doit également tenir compte des frais et charges de la Société du *Populaire* quotidien, et payer les impôts, coupons, etc.

Ces frais et charges sont mensuellement de :

Janvier	1.531 90
Février	1.545 95
Mars	2.768 80
Avril	1.502 65
Mai	1.500 »
Juin	2.513 65
Juillet	1.523 75
Août, septembre	65.070 40
Octobre	1.419 70
Novembre	1.213 25
Décembre	1.239 65
Total....................	81.829 70

Dans ces dépenses, figure le remboursement de la somme de 60.000 francs à nos amis Belges, comme il en avait été décidé par le Congrès du 12 février 1925.

En résumé, ces chiffres indiquent clairement l'effort fourni par le Parti pour rester en contact étroit et permanent avec tous les militants et adhérents, afin de les renseigner sur l'action du Parti, celle de ses élus, et le mouvement international, tout en intensifiant sa propagande. Ceci pour pallier à l'absence néfaste d'un quotidien, tout en réalisant sans cesse des économies.

Le Parti a la ferme conviction que tous ses membres répondront d'une manière active à sa campagne en faveur d'un journal quotidien, et que tous se feront un *devoir* de souscrire un abonnement d'un an, condition primordiale de sa réussite.

Si les 110.000 adhérents répondent à l'appel : *présent*, c'est la certitude du succès.

BUDGET PRÉVISIONNEL
BUDGET

RECETTES	CONSTATÉES	PRÉVUES
A. Recettes cotisations :		
50.337 cartes permanentes........	30.102 20 ⎱ 192.216 20	15.000 » ⎱ 180.000 »
111.276 feuilles cotisations 1925 ..	162.114 » ⎰	165.000 » ⎰
924.028 timbres..................	361.219 20	352.000 »
B. Recettes extraordinaires :		
Remboursement de prêts........	2.910 » ⎱ 13.135 12	1.200 » ⎱ 11.200 »
Intérêts des fonds placés........	10.225 12 ⎰	10.000 » ⎰
Publicité........................	13.948 55 ⎱	15.000 » ⎱
Loyer...........................	10.701 » ⎰ 26.564 60	11.900 » ⎰ 27.900 »
Abonnements....................	1.915 05 ⎰	1.000 » ⎰
TOTAUX	593.135 12	571.100 »

BUDGET DE

RECETTES	CONSTATÉES	PRÉVUES
C. Ordinaires :		
Cotisation des élus parlementaires	132.400 »	124.800 »
— — municipaux ..	1.190 »	1.560 »
D. Extraordinaires :		
Librairie........................	23.512 55	20.000 »
Totaux des recettes de propagande.	157.102 55	146.360 »
— administratives	593.135 12	571.100 »
TOTAUX des recettes	740.505 »	717.460 »

POUR L'EXERCICE 1926

ADMINISTRATIF

DÉPENSES	CONSTATÉES		PRÉVUES	
A. Dépenses ordinaires :				
Personnel	71.400 »		87.300 »	
Frais du siège	50.391 85		60.000 »	
— de bureau	2.342 25		3.000 »	
— de correspondance	4.864 30		6.000 »	
— d'envois	1.876 25	373.797 55	2.500 »	436.800 »
— divers d'administration	282 30		1.000 »	
— d'archives	273 80		500 »	
Achat matériel	137 50		2.500 »	
Impression cartes et timbres	35.682 55		24.000 »	
Populaire bi-mensuel	206.646 65		250.000 »	
B. Congrès :				
Délégations internationales	8.724 95		15.000 »	
Cotisations internationales	10.179 60		35.000 »	
Organisation Congrès nationaux	14.546 45		15.000 »	
Voyages délégués Congrès nat.	18.771 80	66.857 90	20.000 »	99.500 »
— — Conseils nat.	9.245 55		5.000 »	
Organisation Conseils nationaux	5.489 55		2.500 »	
Délégations à C. A. P.	Néant.		7.000 »	
TOTAUX		440.655 45		536.300 »

PROPAGANDE

DÉPENSES	CONSTATÉES		PRÉVUES	
C. Ordinaires :				
Délégués permanents	52.800 »		52.800 »	
Frais voyages et séjour	39.659 30		51.200 »	
Impression tracts, affiches	3.660 60		4.000 »	
Subvention Fédération Sportive	750 »	136.759 80	750 »	150.950 »
— — Jeunesse	1.750 »		750 »	
Secrétariat Groupe Parlementaire	21.900 »		19.200 »	
Frais éditions et librairie	16.239 90		22.250 »	
D. Extraordinaires :				
Organisation manifestations	5.822 »		5.000	
Subventions électorales à Fédérations (espèces, tracts ou affiches)	200 »	93.965 95	5.000 »	30.000 »
Prêt à Fédérations	3.000 »			
Subvention au *Populaire* quotidien	84.943 95		20.000 »	
TOTAUX des dépenses de propagande		230.725 75		180.950 »
— administratives		440.655 45		536.300 »
TOTAUX des dépenses		671.381 20		717.250 »
EXCÉDENT des recettes				210 »
BALANCE				717.460 »

TABLE DES MATIÈRES

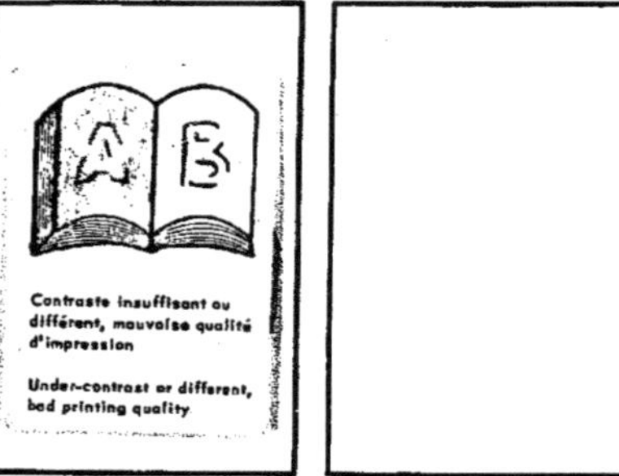

Contraste insuffisant ou
différent, mauvaise qualité
d'impression

Under-contrast or different,
bad printing quality